信号处理基础

杨 浩 编著

科 学 出 版 社
北 京

内 容 简 介

本书是针对电气工程及其自动化等非通信专业本科培养要求编写的，重点突出信号与系统的基础知识和基本方法，内容以讲述信号处理与系统的工程背景和物理意义为主，有少量必要的推导。全书分为 5 章。第 1 章介绍了信号、系统的基本概念和典型信号；第 2 章介绍了单输入单输出系统的时域分析方法和卷积计算；第 3 章介绍了各类信号的傅里叶分析理论和采样定理；第 4 章介绍了离散傅里叶变换及其快速算法原理；第 5 章介绍了 z 变换和离散系统的 z 域分析方法和理论。

本书适合按 36～48 学时讲授，前期课程应该已经讲授完“微积分方程”和“拉普拉斯变换”以及“傅里叶积分”等内容。本书可作为强电类信息专业学生的“信号与系统”课程的教材或学习参考书。

图书在版编目(CIP)数据

信号处理基础/杨浩编著. —北京：科学出版社，2008.2

ISBN 978-7-03-020077-8

Ⅰ.信… Ⅱ.杨… Ⅲ.信号处理-高等学校-教材 Ⅳ.TN911.7

中国版本图书馆 CIP 数据核字(2008)第 015715 号

责任编辑：余 江 / 责任校对：张怡君
责任印制：张 伟 / 封面设计：陈 敬

科 学 出 版 社 出版
北京东黄城根北街 16 号
邮政编码：100717
http://www.sciencep.com

北京虎彩文化传播有限公司 印刷

科学出版社发行 各地新华书店经销

*

2008 年 2 月第 一 版 开本：B5 (720×1000)
2022 年 12 月第十一次印刷 印张：9 1/2
字数：180 000

定价：49.00 元

(如有印装质量问题，我社负责调换)

前　　言

作者讲授“信号与系统”和“数字信号处理”课程已有10多年的时间，多年以来一直有编写本书的冲动，然而限于作者的水平，真正做起来心里仍感觉诚惶诚恐。关于“信号与系统”的教材和专著已有许多，其中不乏优秀之作，它们都是我学习、研究和讲授信号处理理论的主要知识来源，也是在上课时极力向学生推荐的教材和参考书。然而，由于各个学校的培养计划和课程体系有所不同，讲课的内容和顺序也有所不同，每次上课，学生总是要求复印讲义给他们，甚至许多在读研究生也来要讲义，于是决定还是将讲义编写成教材出版。

本书是为强电类专业学生“信号与系统”课程编写的教材，之所以取书名为“信号处理基础”，而没有沿用通用的书名“信号与系统”，原因是本书并不完整地包含传统意义上的信号与系统的内容，如拉普拉斯变换、系统的状态空间分析等内容，但包含了部分通常在“数字信号处理”课程中讲授的内容，如快速傅里叶变换等。这样编排教材的目的是使学生通过本课程的学习，能够得到关于信号、系统以及处理理论的一些基本知识，为其以后的深入研究和应用奠定良好的基础。

拉普拉斯变换、傅里叶变换、状态分析方法等这些基本数学方法是电气工程领域的科学基础，通常这些内容在“电路原理”、“信号与系统”和“自动控制原理”等课程中都会涉及，以往的教学中每门课程也都有讲授，但都不深入。近年来掀起的教学改革浪潮，大大地缩减了本科课堂教学学时，因此课程教学内容的相互衔接和相互支撑就变得极为重要了。本书是针对国内大多数高校电气工程专业的培养计划而编写的，将拉普拉斯变换重点放在“电路原理”课程中讲解，并在后面的课程适当地复习性讲授，傅里叶变换和 z 变换重点在“信号与系统”课程中讲解，而状态空间分析方法则主要在“自动控制原理”课程中讲授。经过几年来的教学实践表明，这样的课程衔接是合理的、有效的。

编写一本优秀的教材需要很高的学术水平和实践经验，需要花费很大的精力。由于作者的水平限制，要编写一本超越他人的教材是困难的。作者力图在内容论述上具有自己的特色，主要表现在以下几个方面：

(1) 本书在内容上没有包含诸如拉普拉斯变换这样一些传统的“信号与系统”课程的内容，而包含了部分像快速傅里叶变换这样的“数字信号处理”课程的内容。

(2) 本书力求简明扼要，篇幅短小，所有例题和讲述不涉及“电路原理”的电路分析理论，可独立于“电路原理”课程讲授。

(3) 公式、定理的讲述避免烦琐的数学推导，力求从工程背景和物理意义解释其含义，需要了解这些推导的同学可以参考其他书籍自学。

本书的编写得到了张占龙、张淮清两位博士的帮助，他们对许多内容提出建议并做了修订工作，李培蓉硕士为本书习题的编撰做了大量工作，在此对他们表示深深的谢意。在本书出版之际，我要特别感谢所有使用本书的同学们，他们的支持才是编写本书的真正动力。

作　者

2007 年 11 月于重庆大学

目　　录

绪　论

信号处理技术来源于人们的生产实践。信息交流是人类社会发展必需的自然活动，原始社会人们用声音和手势来表达思想和传递信息，使得人类社会具有比其他动物群体更强的生存和发展能力。

在人类社会的发展中，信息交流起到了关键作用。社会的存在和发展需要群体的协同劳动，信息的传递和处理是社会（群体）协同工作的纽带。在生产劳动中，人类形成了语言，创造了文字。人们用语言交流感情，表达思想；用文字记录往事，传达信息，积累经验。在原始社会，由于人类的科学技术水平低下，信息交流往往依赖于生理上的感知能力。

19 世纪初，电报的发明使得信息的传递远远超出了人的生理感知空间。20 世纪 50 年代，数字计算机的发展和成熟使得人类不仅在信息的交流上超越了人的生理感知范围，而且对于信息处理也超越了人的能力。数字计算机的普及和数字技术的发展使应用机器进行信息处理变得越来越高效和普遍，使得现代人类社会的劳动效率有了极大的提高。社会对于信息传递和处理的依赖性也更强，以至于信息处理技术水平的高低被视为社会发展水平的标志，由此可见信息处理对人类社会发展的重要性。

信号处理技术已经在工业、农业、医学、社会科学、自然科学、人文科学等各个领域得到普遍应用。在电气工程领域中，信号处理主要包含：谐波的检测、电压（电流）检测、频率检测和故障诊断等几个方面。在未来完全竞争的电力市场，信息化建设将成为电力企业提升核心竞争力的关键所在。电气工程领域中需要大量熟悉信号处理知识的高级技术人才，原先作为通信专业基础课程的"信号与系统"和"数字信号处理"已经成为电气工程等强电类专业的基础课程。

考虑到强电类专业学生将来主要是应用信号处理技术，特别是数字信号处理技术解决本专业学科领域的信号处理问题，因此将信号处理的知识分为三个层次的课程讲授："信号处理基础"、"数字信号处理"和"电气工程信号处理技术"。"信号处理基础"讲授信号处理的基础理论和基本应用技术；"数字信号处理"课程是"信号处理基础"的更高层课程，主要讲授谱分析技术和滤波器设计技术；"电气工程信号处理技术"则是针对专业领域中信号处理的特点讲授常用信号处理应用技术。在专业培养计划中，后两个层次的课程可作为学生的选修课程，为学生在信号处理领域的研究发展提供了一个学习平台。

根据上述专业培养方案，"信号处理基础"课程包含了信号与系统的一些最为基本的知识，这些知识应该是学习数字信号处理理论所必需的，另外增加了数字信号处理的基础知识内容，即包含了离散傅里叶变换和快速傅里叶变换的基本思想，以及离散系统的 z 域分析理论。目的是通过本课程的学习，学生能基本掌握信号处理，特别是数字信号处理的基本知识和概念，为其将来进行深入研究和应用奠定必要的基础。

全书分为 5 章内容。第 1 章阐述信号、系统的定义和分类，介绍信号分解的基本思想；第 2 章介绍单输入单输出系统的时域分析方法，将连续时间系统分析理论和离散时间系统分析理论并行讲授，便于学生相互参考理解，突出彼此之间的异同；第 3 章介绍各类信号的傅里叶分析理论和采样定理；第 4 章介绍离散傅里叶变换及其快速算法，以及离散信号的一些基本处理方法；第 5 章介绍 z 变换和离散系统的 z 域分析方法和理论。

第 1 章　信号与系统的基本概念

本课程的名字叫“信号处理基础”，中心内容就是讲授“信号”与“系统”两个概念，以及“信号”与“系统”的基本分析方法。

1.1　信号的定义

实际上大家对信号并不陌生，因为在我们的日常生活中经常会与各种各样的信号打交道，如十字路口的红绿灯时刻发出指挥交通的信号，教学楼里的铃声发出上课或下课的信号，报纸杂志上的文字传递着知识和事件发生的信号。信号的形式是各式各样的，红绿灯发出的是光信号，教室里的铃声是声信号，报纸杂志登载的是文字信号或图片信号。不管信号的形式如何，它们都有一定的意义，即信号总是传递着某种信息。准确地说，信号就是传载信息的事物。那么什么是信息呢？通常称有价值的消息为信息，而消息就是关于情况的报道，所谓情况就是事物发展的状态。

“信号”包含两个要素：“事物”和“信息”。“事物”是信号的表象，“信息”是信号的内涵。在实际工程中，我们接触到的信号都是以某种形式表现的物理过程。所谓过程就是事物发展或物理量的变化进程，如灯光的明暗变化、声调的高低变化、电压的强弱变化都可以用来传递信息，即可作为信号的一种形式。因此对于信号我们也可以这样来表述：传载信息的物理过程称为信号。在科学研究中，一个物理过程总是被抽象为一个函数来表示，因此有些文献把信号定义为传载信息的函数。

“信号”与“干扰”是两个对立的事物，“信号”就是我们要从中获取信息的“事物”，而“干扰”则是存在于信号之中，但不包含我们所需要信息的“事物”。实际上，“信号”与“干扰”又是相对的和相互转化的，完全取决于观测者的立场。如在电视机旁打手机时，电视机里会发出“嗞嗞”的声音，这就是手机信号窜到电视机里了。显然对于看电视的人来说，手机信号是干扰，电视的图像和声音才是需要获得信息的信号。然而对于打手机的人来说，恰好相反，需要的是手机的通信，电视图像和声音就是干扰。信号处理的目的就是要剔除“干扰”，提取含有有用(对观察者有价值的)信息的“信号”，正确区分“信号”与“干扰”有利于指导我们用正确的方法处理工程实际问题。在输电质量控制中经常需要对电网电压和谐波进行监测，电网电压是 50Hz 的正弦信号，而谐波是 50Hz 整倍数的高频正弦信号。在检测电网电压时，电网中的谐波信号被视为干扰，可以采用较低频率的信号处理系统进行检测；而在检测谐波信号时，电网电压信号则被视为干扰，需采用较高频率的信号处理系统进行检测。

1.2　信号的分类

信号的分类目前没有统一的规定，各种理论对信号分类的规则也有所不同。根据表示信号函数的自变量的多少，可以把信号分为一维信号、二维信号、三维信号等，即用一维函数 $f(x)$表示的信号称为一维信号，用二维函数 $f(x,y)$表示的信号称为二维信号，用三维函数 $f(x,y,z)$表示的信号称为三维信号，依此类推。通常将二维以上函数表示的信号称为高维信号。心电信号是一维信号，电视图像是二维信号，地震信号是三维信号。本课程主要介绍一维信号的处理理论，它是所有信号处理理论的基础。

除了将信号按一维信号、二维信号分类外，还有许多种分类方法。根据信号是否可以用一个确定性函数表示情况，信号又可分为确定性信号和随机信号两类。顾名思义，确定性信号是指具有确定变化规律的信号。从理论上讲，这类信号是可以用数学表达式准确地计算出过去的和未来的信号变化。而随机信号则是不能用数学表达式准确预测变化的信号，随机信号通常只能用统计的方法描述它的规律，如信号的均值、方差等参数就是随机信号的数学描述。

在 20 世纪 80 年代，科学家在研究自然现象过程中发现，仅用确定性和随机性来刻画自然现象不能反映自然规律的本质。实际上在自然界中还存在着大量的既不是确定性信号，又不是随机信号的信号，这就是混沌信号。

在我们的生活中有这样的感受，有些看似随机的事物总是显现出某种规则性，例如，电脑福利彩票的中奖号码是随机的，但是人们总觉得它符合某种规律，于是许多买彩票的人并不是随意地填写彩票号码，而是刻意地按某种规则来填写号码。有些看似规则的物理现象却表现出很强的随机性，例如图 1-1 所示的二阶电路，R_2 为单结管，它具有非线性流控电阻的伏-安特性(S 状)，观察电容 C 两端的电压 U_C，固定交流激励源的频率，改变激励源的电压幅值。在某些频率范围内，U_C 电

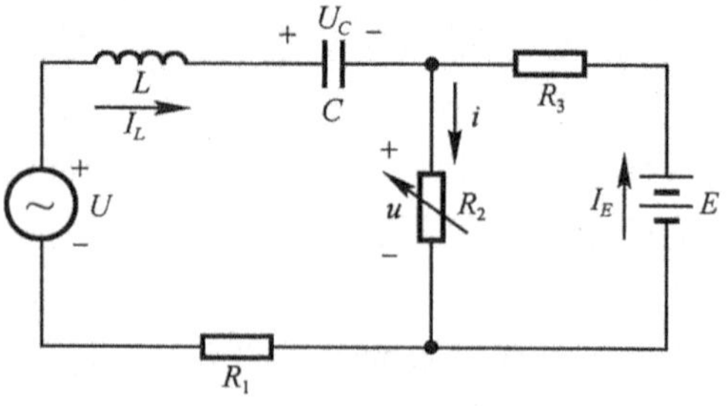

图 1-1　混沌电路

$R_1=127\Omega$，　$L=25\text{mH}$，　$C=0.03\mu\text{F}$，　$E=30\text{V}$，

$R_3=34.1\text{k}\Omega$，　$u=g(i)$，　$U=U_m\sin(2\pi ft)$

压就表现出混沌行为。

所谓混沌可以这样来描述：在微观上，其行为表现出随机性和不可预测性；而在宏观上看，又具有结构的总体稳定性和有序性。注意到图 1-1 所示电路是可解的，描述该电路的微分方程为

$$\begin{cases} L\dfrac{\mathrm{d}I_L}{\mathrm{d}t}=U_{\mathrm{m}}\sin(2\pi ft)-[R_1I_L+U_C+g(I_L+I_E)] \\ C\dfrac{\mathrm{d}U_C}{\mathrm{d}t}=I_L \\ E-g(I_L+I_E)=R_3I_E \end{cases}$$

如果图 1-1 所示电路中 R_2 为线性电阻时，电容上的电压由交流激励的形式所确定，当为非线性电阻时则表现出周期分岔的现象，即电容上的电压可以与激励电压的周期不同。遗憾的是，对于上述电路的混沌现象至今没有人能做出令人信服的解释，人们还不能运用已知的电学知识去解释混沌现象在电路中产生的机制。20 世纪 80 年代以来，混沌现象得到了自然科学、人文科学及技术科学的各个领域内的科学家的高度重视，反映出了各个学科领域对混沌现象和理论在应用前景上的殷切希望，对混沌现象的研究打破了确定性事件与随机事件的泾渭分明界线。在这里介绍混沌信号的概念，目的是要提醒大家确定性信号或随机信号在实际工程中有时没有严格的界线，有些现象在短时间内观察是随机的和不可预测的，而长时间观察其宏观上表现出规则性和稳定性。

以上论述是将信号分为确定性信号、随机信号和混沌信号三类；而在信号处理理论中则更多地将信号分为：连续时间信号与离散时间信号。

所谓连续时间信号是指在连续时间区间内定义的信号，连续时间信号也简称为连续信号或模拟信号，如图 1-2 所示。注意在定义区间内任何时刻信号都有定义，即对所有 $t\in[t_1,t_2]$，$f(t)$都有确定的值，而且 t_1 和 t_2 可以取$-\infty$和$+\infty$。

所谓离散时间信号是指在离散时间集合上定义的信号，离散时间信号也简称为离散信号。离散信号往往用一组离散谱线来表示，谱线的位置为信号定义的时刻，谱线的高度为信号的大小，如图 1-3 所示。离散信号只在离散时间上$[t_0,t_1,\cdots,t_{N-1}]$才有定义，而且 t_0 和 t_{N-1} 可以取$-\infty$和$+\infty$，即 N 可以取无穷大。注意在任意两个相邻点(t_i,t_{i+1})之间信号没有定义，绝不可简单地认为这时信号取零值或其他值。

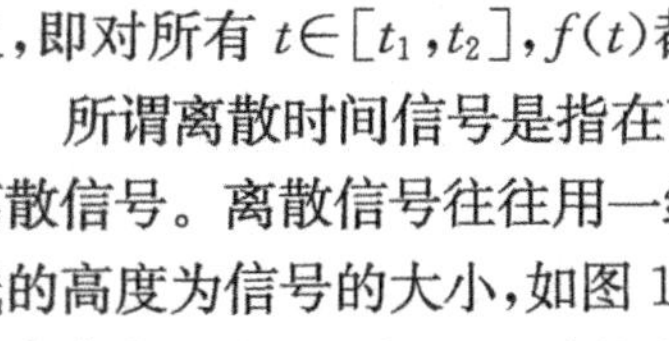

图 1-2　连续时间信号

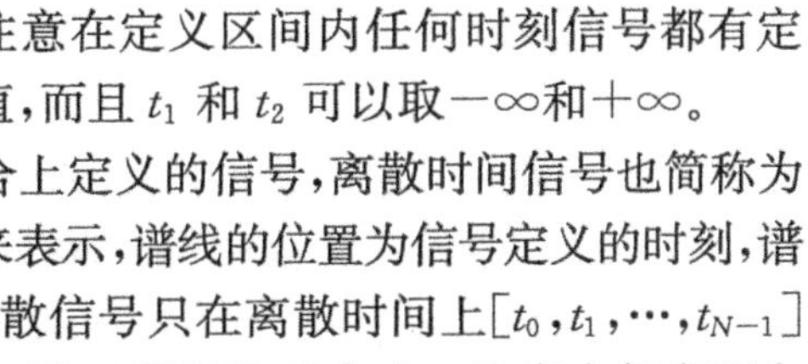

图 1-3　离散时间信号

离散信号可以由连续信号经抽样得到,即

$$f(t_n) = f(t)\mid_{t=t_n, n\in[t_0, t_1, \cdots, t_{N-1}]}$$

如果相邻抽样间隔相等,则这样的抽样叫做等间隔抽样。设抽样间隔为 T,则有 $t_n=nT, n\in[0,N]$,即离散信号可以表示为 $f(nT)$。通常 T 称为抽样周期,单位为时间单位,相应的 T 的倒数称为抽样频率,抽样频率的单位是频率单位。注意抽样频率的含义:在单位时间内抽样的数据点数。例如,抽样频率为 1000Hz 是指在 1s 内抽取 1000 个数据点。

在等间隔抽样情况下(我们研究的大多数信号是这样的),T 为常数,所以离散信号 $f(nT)$ 的变量为整数 n,因此 $f(nT)$ 等价于 $f(n)$。在数学上把变量为整数的函数称为序列,因此离散信号可以用序列 $f(n)$ 来表示。由以上分析可知变量 n 代表的是时间,但它没有量纲,实际上它是时间的编码。

不管是连续信号还是离散信号,其自变量可以是时间,也可以是其他物理量,如距离、重力等。但是为了叙述方便,在信号处理理论中总是将一维信号的自变量看成是时间变量 t,因此一维信号总是用 $f(t)$ 表示,其讨论的结果适用于所有一维信号的处理。

1.3 周期信号与非周期信号

信号的周期性是信号变化规律的一种基本表现,正确认识信号的周期性是信号分析的基本要求。首先我们从信号周期性的定义出发,研究连续时间信号与离散时间的周期性。

对于连续时间信号,其周期性定义如下:

若存在着一个正常数 $T>0$,使得

$$f(t+T) \equiv f(t) \tag{1-1}$$

则称 $f(t)$ 为周期函数,函数周期为 T。注意如果 T 是函数的周期,则 rT 也是函数的周期,这里 r 是任意正整数。也就是说任何周期函数,其周期有无数个,但其中只有一个为最小,我们称之为函数的最小周期,在不引起混淆的情况下,我们称最小周期为函数的周期。本书在以后的论述中,如果没有特殊声明,所说的函数周期均指最小周期,并用符号 T 表示。

对于离散信号,其周期性也有类似的定义:

若存在着一个正整数 $N>0$,使得

$$f(n+N) \equiv f(n) \tag{1-2}$$

则称序列 $f(n)$ 为周期序列,序列周期为 N。与连续周期信号类似,如果 N 是序列的周期,则 N 的整倍数也必定是序列的周期。在所有的周期中最小的称为最小周期,在不加特殊声明的时候,本书后面所说的序列周期均指最小周期,并用符号 N

表示。

周期函数 $f_p(t)$（或周期序列 $f_p(n)$）其变化是重复出现的，只要知道函数（或序列）的周期 T（或 N）以及一个周期内的取值，就可以确定整个定义域内的信号取值。通常称$[0,T)$或$[0,N-1]$为周期信号的主值区间，如用 $f_T(t)$（或 $f_N(n)$）表示周期信号在主值区间内的取值（通常称为主值信号），即

对于连续信号

$$f_T(t)=\begin{cases}f_p(t), & 0\leqslant t<T\\ 0, & \text{其他 } t\end{cases} \tag{1-3}$$

或对于离散信号

$$f_N(t)=\begin{cases}f_p(n), & 0\leqslant n\leqslant N-1\\ 0, & \text{其他 } n\end{cases} \tag{1-4}$$

周期信号也可以用主值信号来表示，即对于连续信号

$$f_p(t)=\sum_{r=-\infty}^{\infty} f_T(t-rT),\quad r\text{ 为整数} \tag{1-5}$$

或对于离散信号

$$f_p(n)=\sum_{r=-\infty}^{\infty} f_N(n-rN),\quad r\text{ 为整数} \tag{1-6}$$

1.4　能量有限信号与能量无限信号

信号的能量定义如下：

对于连续信号

$$S=\int_{-\infty}^{\infty} |\ f(t)\ |^2\mathrm{d}t \tag{1-7}$$

或对于离散信号

$$S=\sum_{n=-\infty}^{\infty} |\ f(n)\ |^2\cdot T \tag{1-8}$$

如果式(1-7)或式(1-8)为有限值，则称信号 $f(t)$或 $f(n)$为能量有限信号。注意在数学上，满足式(1-7)的函数 $f(t)$称为平方可积函数。满足式(1-8)的序列 $f(n)$称为平方可和序列。

有些信号其能量并不是一个有限值，如周期信号。这时信号的能量没有意义，一般能量无限的信号其平均功率是有限的，可以用信号的功率来表征信号，信号的功率定义如下：

对于连续信号

$$P=\lim_{T\to\infty}\frac{1}{T}\int_{-\frac{T}{2}}^{\frac{T}{2}}|f(t)|^2\mathrm{d}t \tag{1-9}$$

或对于离散信号

$$P=\lim_{N\to\infty}\frac{1}{2N}\sum_{n=-N}^{N}|f(n)|^2 \tag{1-10}$$

能量无限信号称为功率信号;能量有限信号则也称为能量信号。

对于信号的分类,根据不同的处理方法和不同的研究领域就有不同的分类,上述信号的分类是我们以后经常采用的分类方法,对于信号的其他分类方法本文不再赘述。

1.5 常见的典型信号

1.5.1 连续信号

典型的连续信号包括正弦信号、指数信号、抽样信号、斜变信号、阶跃信号、矩形信号等,详细介绍如下:

1. 正弦信号

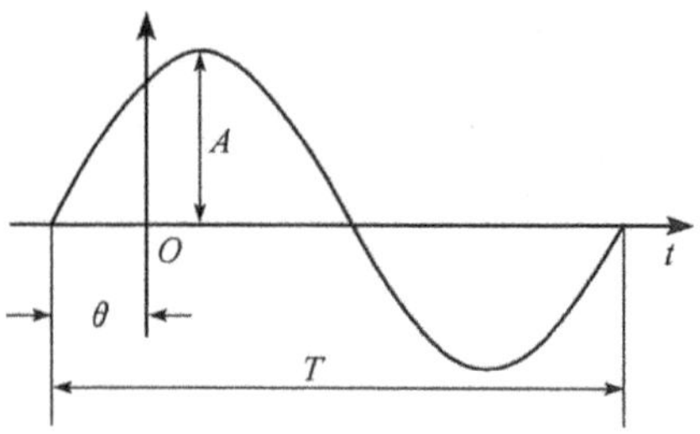

图 1-4 连续正弦信号

正弦信号如图 1-4 所示,其表达式为

$$f(t)=A\sin(\Omega t+\theta) \tag{1-11}$$

式中,A 称为正弦信号的幅值,θ 为正弦信号的初相位,Ω 为正弦信号的角频率(单位是 rad/s),它与信号的频率 f 和周期 T 有如下关系

$$T=1/f=2\pi/\Omega \tag{1-12}$$

由于正弦函数与余弦函数之间仅相差 90°,用类似的方法可以定义余弦信号。通常在工程中并不刻意区分正弦信号与余弦信号,并把余弦信号也称为正弦信号,本文以后的论述中也将不再区分正弦信号和余弦信号的概念。

2. 指数信号

指数信号其表达式为

$$f(t)=Ae^{\alpha t} \tag{1-13}$$

式中,A 为常数,α 可以是实数,也可以是复数。

如果 α 为实数，$f(t)$称为实指数信号，当 $\alpha>0$ 时，函数 $f(t)$随时间增长而单调上升，当 $\alpha<0$ 时，函数 $f(t)$随时间增长而单调下降。注意，指数函数在 $t=0$ 时取值为 1，如图 1-5 所示。

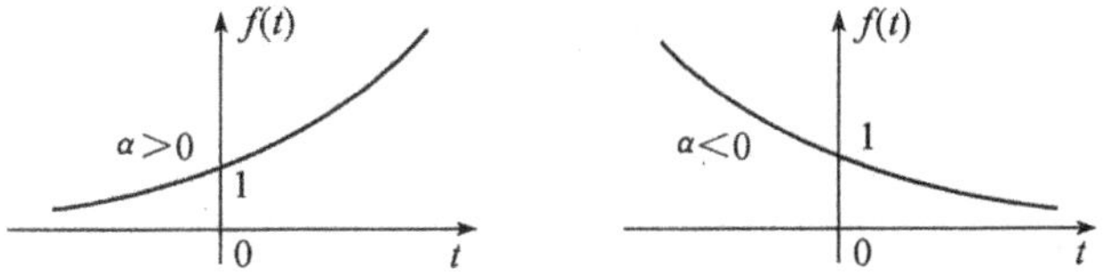

图 1-5　实指数函数

如果 α 为复数时，$f(t)$称为复指数信号，它可以表示为

$$f(t) = Ae^{\alpha t} = Ae^{(\sigma+j\Omega)t} \tag{1-14}$$

其中

$$\alpha = \sigma + j\Omega \tag{1-15}$$

注意指数信号（实的或复的）与正弦信号之间可以用欧拉公式联系起来，即

$$e^{j\Omega t} = \cos(\Omega t) + j\sin(\Omega t) \tag{1-16}$$

或

$$\begin{cases} \sin(\Omega t) = \dfrac{e^{j\Omega t} - e^{-j\Omega t}}{2j} \\ \cos(\Omega t) = \dfrac{e^{j\Omega t} + e^{j\Omega t}}{2} \end{cases} \tag{1-17}$$

由以上关系可以看出，指数信号也是周期信号。

3. 抽样信号

抽样信号如图 1-6 所示，其表达式为

$$\mathrm{Sa}(t) = \frac{\sin t}{t} \tag{1-18}$$

抽样信号 $\mathrm{Sa}(t)$是个偶函数，具有以下特性

$$\begin{aligned} &\int_0^{\infty} \mathrm{Sa}(t)\mathrm{d}t = \frac{\pi}{2} \\ &\int_{-\infty}^{\infty} \mathrm{Sa}(t)\mathrm{d}t = \pi \end{aligned} \tag{1-19}$$

根据抽样函数可以定义一个 $S_i(t)$函数

$$S_i(y) = \int_0^y \mathrm{Sa}(t)\mathrm{d}t \tag{1-20}$$

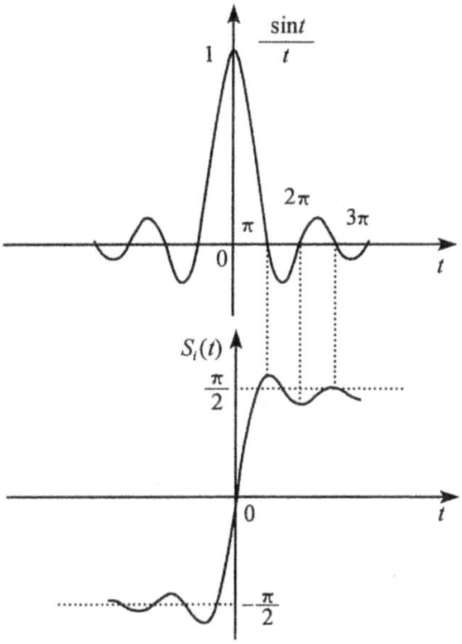

图 1-6　Sa(t)函数与 $S_i(t)$函数

4. 斜变信号 $R(t)$

斜变信号如图 1-7 所示，其表达式为

$$R(t)=\begin{cases}t, & t\geqslant 0\\ 0, & t<0\end{cases} \tag{1-21}$$

斜变函数的导数在 $t=0$ 处不连续。

5. 单位阶跃信号 $u(t)$

单位阶跃信号如图 1-8 所示，其表达式为

$$u(t)=\begin{cases}1, & t>0\\ 0, & t<0\end{cases} \tag{1-22}$$

注意单位阶跃信号在 $t=0$ 时没有定义。单位阶跃函数与斜变函数有如下关系

$$\frac{\mathrm{d}R(t)}{\mathrm{d}t}=u(t) \tag{1-23}$$

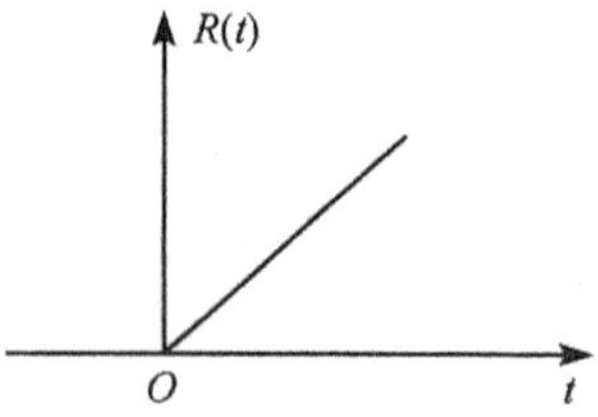

图 1-7　斜变信号

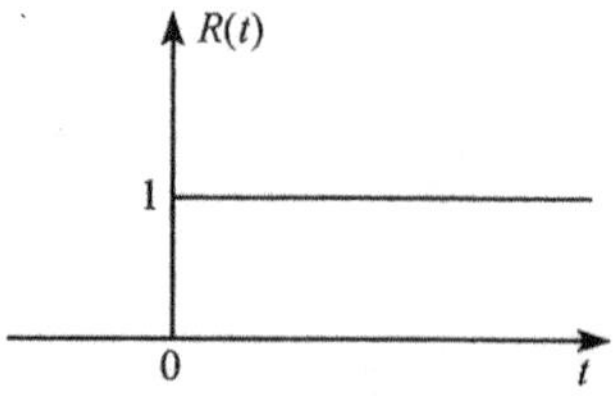

图 1-8　单位阶跃信号

6. 矩形函数 $G(t)$

矩形函数如图 1-9 所示，其表达式为

$$G(t)=\begin{cases}1, & 0<t<t_0\\ 0, & t<0 \text{ 或 } t>t_0\end{cases} \tag{1-24}$$

矩形函数与阶跃信号有如下关系

$$G(t)=u(t)-u(t-t_0) \tag{1-25}$$

显然矩形函数在 $t=0$ 和 $t=t_0$ 处没有定义。

7. 符号函数 $\mathrm{sgn}(t)$

符号函数如图 1-10 所示，其表达式为

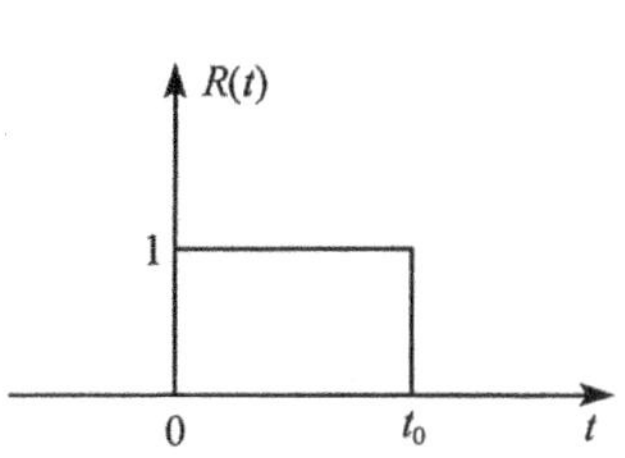

图 1-9　矩形函数

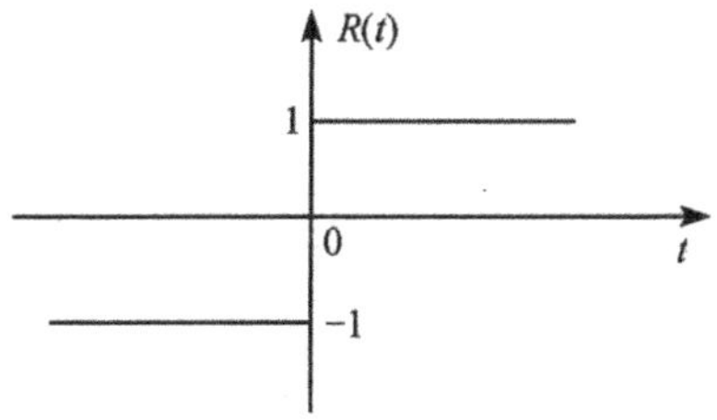

图 1-10　符号函数

$$\text{sgn}(t)=\begin{cases}+1, & t>0\\ -1, & t<0\end{cases} \tag{1-26}$$

符号函数与单位阶跃函数有如下关系

$$\text{sgn}(t)=2u(t)-1 \tag{1-27}$$

8. 单位冲激信号 $\delta(t)$

冲激现象是自然界中常见的现象，如图 1-11 所示一个直流电路。在 $t<0$ 时电容上没有电荷(电压为零)，在 $t=0$ 时刻闭合开关 K，经过时间 Δt 后，电容具有与直流电源相同的电压 V。根据电路分析理论，电容的充电时间 Δt 与电阻 R 和电容 C 成正比，R 越小开关闭合时电容的充电电流 i 也就越大，电容的充电时间 Δt 也越小。事实上，当 R 趋于零时(Δt 趋于无穷小)，这时电容的充电电流 i 就趋于无穷大。当然在实际电路中 R 不可能为零，自然也就不会产生无穷大的电流，但是实际物理装置中的电路 R 可以很小，电容的瞬时充电电流 i 很大。对于工程中瞬间产生的很大的物理量，在理论分析中就抽象地用冲激函数来描述。

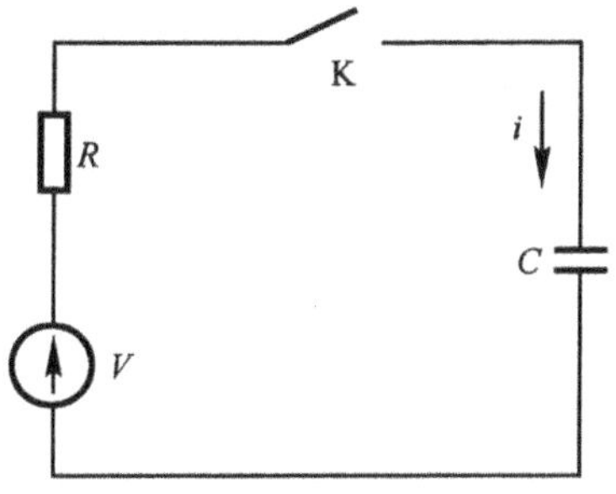

图 1-11　RC 直流电路

1) 冲激函数的定义

冲激函数的定义有许多种形式，这里介绍两种定义：

(1) 用函数的极限来定义。冲激函数可以视为幅度与宽度乘积为 1 的矩形函数，如图 1-12 所示。矩形函数可以用阶跃函数来表示，当 τ 趋于零时，矩形函数就成为冲激函数了，即

$$\delta(t)=\lim_{\tau\to 0}\frac{1}{\tau}\left[u\left(t+\frac{\tau}{2}\right)-u\left(t-\frac{\tau}{2}\right)\right] \tag{1-28}$$

单位冲激函数 $\delta(t)$ 用图 1-13 表示，括弧中的数值表示冲击强度，有时为了简便起见，冲激强度的标注也可以省去括弧。

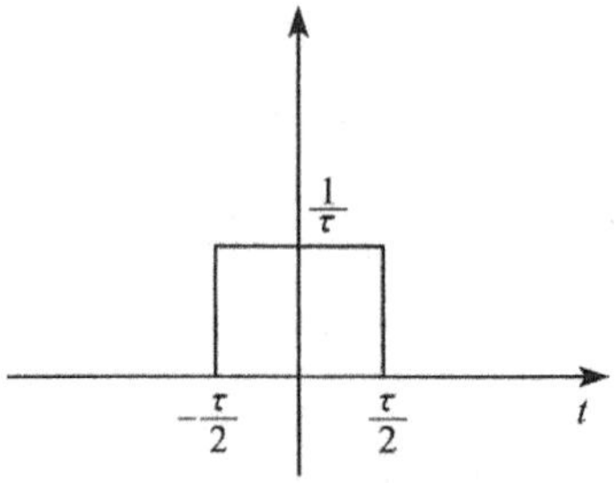

图 1-12 幅度与宽度乘积为 1 的矩形函数

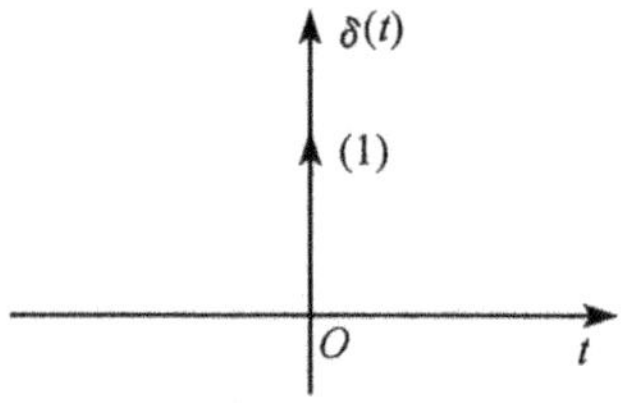

图 1-13 单位冲击函数

(2) 狄拉克(Dirac)定义。狄拉克给出的冲激函数 $\delta(t)$的定义为

$$\int_{-\infty}^{\infty} \delta(t)\,\mathrm{d}t = 1 \tag{1-29}$$

$$\delta(t) = 0, \quad t \neq 0 \tag{1-30}$$

在有些教科书和科技文献中经常将冲激函数称为 Dirac 函数。

冲激函数除了上述两种定义外还有以下一种表述

$$\delta(t) = \lim_{k\to\infty}\left[\frac{k}{\pi}\mathrm{Sa}(kt)\right] \tag{1-31}$$

这是因为

$$\int_{-\infty}^{\infty} \mathrm{Sa}(t)\,\mathrm{d}t = \pi$$

所以有

$$\int_{-\infty}^{\infty} \mathrm{Sa}(kt)\,\mathrm{d}(kt) = \pi$$

$$\int_{-\infty}^{\infty} \frac{k}{\pi}\mathrm{Sa}(kt)\,\mathrm{d}t = 1 \tag{1-32}$$

式(1-32)表明,$\frac{k}{\pi}\mathrm{Sa}(kt)$曲线下面的面积为 1。$k$ 越大,函数的振幅越大,振荡的频率越高,函数衰减的速度也越快,而曲线下面的面积却保持不变。当 k 趋于无穷大时,就得到冲激函数。

2) 冲激函数的性质

尽管冲激函数不是实际可产生的信号,但在理论分析中却有极为重要的作用,下面简要地叙述冲激函数的性质。

(1) 如果 $f(t)$在 $t=t_0$ 处连续,则

$$f(t)\delta(t-t_0) = f(t_0)\delta(t-t_0) \tag{1-33}$$

因为在 $t\neq t_0$ 处,$\delta(t-t_0)\equiv 0$,所以有式(1-33)。

(2) 如果 $f(t)$在 $t=0$ 处连续,则

$$\int_{-\infty}^{\infty} \delta(t)f(t)\,\mathrm{d}t = f(0) \tag{1-34}$$

这是因为

$$\int_{-\infty}^{\infty}\delta(t)f(t)\mathrm{d}t = f(0)\int_{0^-}^{0^+}\delta(t)\mathrm{d}t = f(0)$$

同理有

$$\int_{-\infty}^{\infty}\delta(t-t_0)f(t)\mathrm{d}t = f(t_0) \tag{1-35}$$

(3) $\delta(t)$是偶函数，即

$$\delta(t) = \delta(-t) \tag{1-36}$$

(4) $\delta(t)$函数与阶跃函数 $u(t)$的关系

$$\delta(t) = \frac{\mathrm{d}}{\mathrm{d}t}u(t) \tag{1-37}$$

或

$$u(t) = \int_{-\infty}^{t}\delta(\tau)\mathrm{d}\tau \tag{1-38}$$

(5) 尺度特性为

$$\delta(at) = \frac{1}{|a|}\delta(t) \tag{1-39}$$

9. “单位冲激偶”函数 $\delta'(t)$

单位冲激偶函数的定义为

$$\delta'(t) = \frac{\mathrm{d}}{\mathrm{d}t}\delta(t) \tag{1-40}$$

单位冲激偶在 $t=0$ 处有一对强度为无穷大的正负冲激，如图 1-14 所示。

利用矩形函数取极限的方法可以导出冲激偶 $\delta'(t)$，单位面积的矩形函数的导数是位于 $\tau/2$ 与 $-\tau/2$ 处的正负两个冲激函数，其强度为 $-1/\tau$ 和 $1/\tau$，如图 1-15 所示。当 τ 趋于零时，则两个冲激函数就形成冲激偶函数。

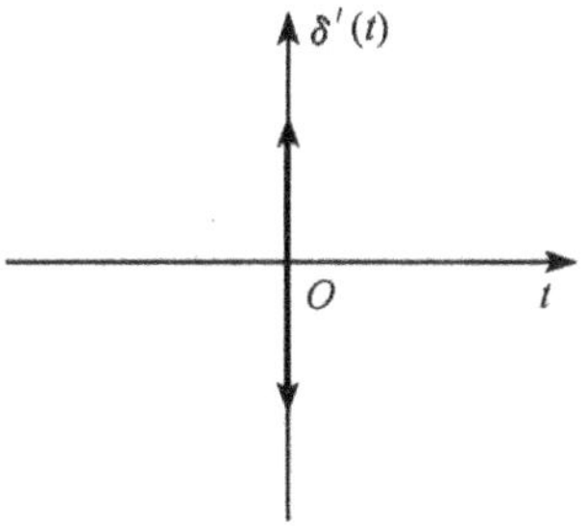

图 1-14　冲击偶函数

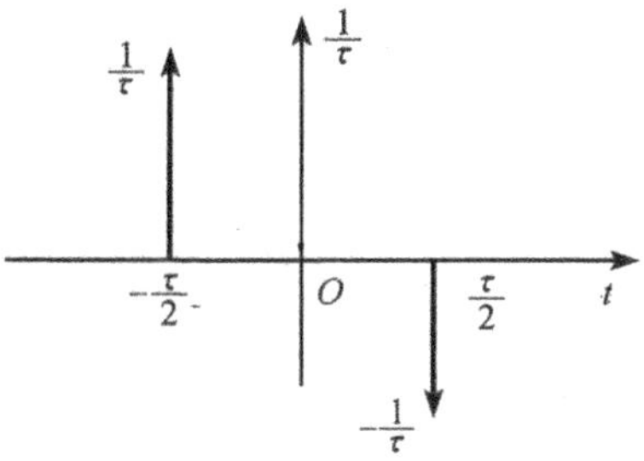

图 1-15　冲激偶的形成

冲激偶函数与冲激函数有如下关系：

$$\delta(t) = \int_{-\infty}^{t}\delta'(\tau)\mathrm{d}\tau$$

冲激偶函数有以下两个特性：

(1) 如果 $f'(t)$在 $t=t_0$处连续,则

$$\int_{-\infty}^{\infty}\delta'(t-t_0)f(t)\mathrm{d}t=-f'(t_0) \tag{1-41}$$

式中,$f'(t_0)$为函数 $f'(t)$在 $t=t_0$ 处的取值。式(1-41)的成立可以由以下等式说明:

$$\int_{-\infty}^{\infty}\delta'(t-t_0)f(t)\mathrm{d}t=\delta(t-t_0)f(t)\Big|_{-\infty}^{\infty}-\int_{-\infty}^{\infty}f'(t)\delta(t-t_0)\mathrm{d}t=-f'(t_0)$$

(2) 冲激偶函数是奇函数,因为

$$\int_{-\infty}^{\infty}\delta'(t)\mathrm{d}t=0 \tag{1-42}$$

1.5.2 离散信号

前面介绍了在信号分析中常见的连续信号及其主要性质,现在我们介绍本书中常用的离散信号。

1. 单位样值信号(Kronecker 冲激信号)

单位样值信号的定义为

$$\delta(n)=\begin{cases}1, & n=0\\ 0, & n\neq 0\end{cases} \tag{1-43}$$

单位样值信号无论是它的表示符号,还是它的实际作用都与冲激函数相似,但有一点要注意,单位样值信号仅在 $n=0$ 处,取单位值,其余点上均为零值,其图形如图 1-16 所示。单位样值序列也是个偶序列。

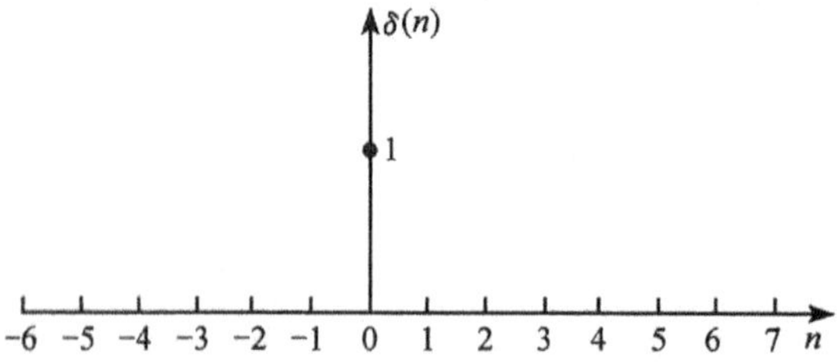

图 1-16 单位样值序列

2. 单位阶跃序列(unit-step sequence)

单位阶跃序列的定义为(图 1-17)

$$u(n)=\begin{cases}1, & n\geqslant 0\\ 0, & n<0\end{cases} \tag{1-44}$$

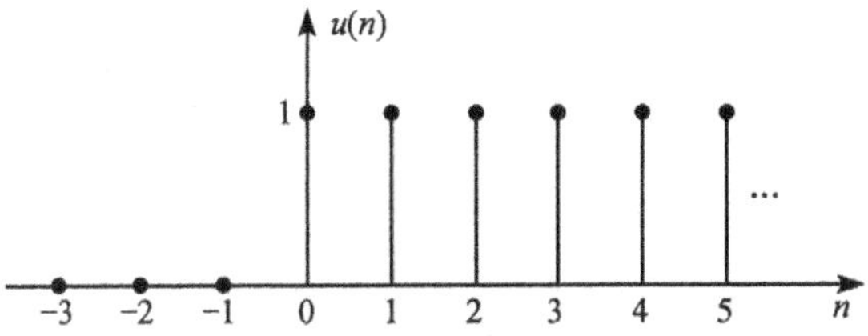

图 1-17　单位阶跃序列

单位阶跃序列与单位阶跃函数非常相像，注意在 $n=0$ 处，单位阶跃序列有明确的定义。单位阶跃序列与单位样值序列有如下关系

$$\delta(n)=u(n)-u(n-1) \tag{1-45}$$

$$u(n)=\sum_{k=0}^{\infty}\delta(n-k) \tag{1-46}$$

3. *正弦序列*(sine sequence)

正弦序列的定义为(图 1-18)

$$x(n)=A\sin(\omega_0 n+\varphi) \tag{1-47}$$

式中，A 为实数，是正弦序列的振幅，φ 为正弦序列的初相，ω_0 为正弦序列的**数字角频率**，它反映了序列元素值变化的快慢。

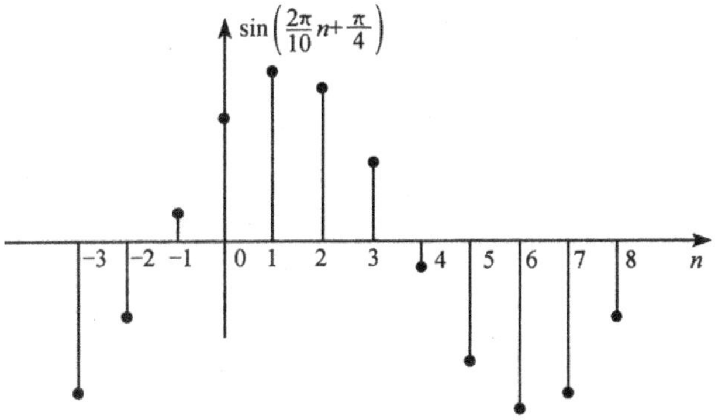

图 1-18　正弦序列

$A=1$，　$\omega_0=2\pi/10$，　$\varphi=\pi/4$

正弦序列可以看成连续正弦信号经采样得到的离散信号，为了简便起见，我们假设正弦信号的振幅为 1，初相为零，即

$$x(n)=\sin(\Omega t)\big|_{t=nT}=\sin(\Omega Tn) \tag{1-48}$$

式中，Ω 为正弦信号的**模拟角频率**。比较正弦序列的定义可以看出，数字角频率与

模拟角频率有如下关系

$$\omega = \Omega T = \frac{\Omega}{f_s} \tag{1-49}$$

式中，f_s 为采样频率(采样周期的倒数)。根据式(1-49)，数字角频率可以这样来理解：模拟角频率对采样频率取标幺值。下面讨论正弦序列的周期性。

讨论正弦序列周期性的思路是根据周期序列的定义，寻找一个正整数 N 使得恒等式

$$\sin(\omega_0 n) \equiv \sin[\omega_0(n+N)]$$

成立。下面分几种情况加以讨论：

当$\frac{2\pi}{\omega_0}$为整数时，令 $N=\frac{2\pi}{\omega_0}$，则

$$\sin[\omega_0(n+N)] = \sin\left[\omega_0\left(n+\frac{2\pi}{\omega_0}\right)\right] = \sin(\omega_0 n + 2\pi) \equiv \sin(\omega_0 n)$$

即这时正弦序列为周期序列，并且 $N=\frac{2\pi}{\omega_0}$就是最小周期。

当$\frac{2\pi}{\omega_0}$为有理数时，则有$\frac{2\pi}{\omega_0}=\frac{N}{M}$，这里 N 和 M 均为正整数，取 $N=M\frac{2\pi}{\omega_0}$，则

$$\sin[\omega_0(n+N)] = \sin\left[\omega_0\left(n+M\frac{2\pi}{\omega_0}\right)\right] = \sin(\omega_0 n + 2\pi M) \equiv \sin(\omega_0 n)$$

即这时正弦序列也是周期序列，且序列的最小周期为 $N=M\frac{2\pi}{\omega_0}$。

当$\frac{2\pi}{\omega_0}$为无理数时，则正弦序列为非周期序列。用反证法证明：

假定存在着一个正整数 N 使得恒等式成立

$$\sin(\omega_0 n) \equiv \sin\omega_0(n+N)$$

即有

$$\sin(\omega_0 n) \equiv \sin(\omega_0 n + \omega_0 N)$$

上式恒等，意味着 $\omega_0 N=2\pi M$，这里 M 为整数，即有

$$\frac{2\pi}{\omega_0} = \frac{N}{M}$$

这就是说，$\frac{2\pi}{\omega_0}$应该为有理数，而题给条件是无理数，与推导结论矛盾，所以假设不成立。

4. 实指数序列

指数序列的定义为

$$x(n) = a^n \tag{1-50}$$

式中，a 为实数，当 $|a|>1$ 时，序列 $x(n)$ 随着 n 的增大而增大；当 $|a|<1$ 时，序列 $x(n)$ 随着 n 的增大而减小，如图 1-19 所示。

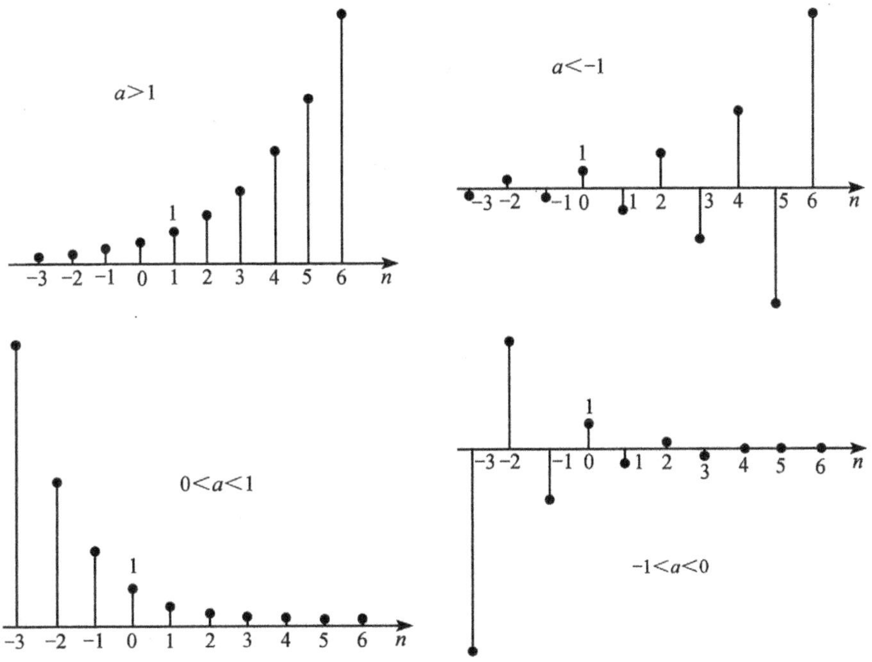

图 1-19　实指数序列

5. 复指数序列(complex exponential sequence)

复指数序列的定义为

$$x(n) = e^{(\sigma+j\omega_0)n} \tag{1-51}$$

式中，σ 和 ω_0 均为实常数，复指数序列的每个元素是复数，其模为 $e^{\sigma n}$，其幅角为 $\omega_0 n$。当 $\sigma=0$ 时，有

$$e^{j\omega_0 n} = \cos(\omega_0 n) + j\sin(\omega_0 n) \tag{1-52}$$

这时复指数序列与正弦序列一样可能为周期序列也可能不是周期序列，ω_0 仍称为数字角频率。

1.6　信号的分解

自然现象是复杂的，为了便于对复杂的自然现象进行观察和分析，人们常常把复杂行为看成是简单行为的组合，这就是科学技术中常用的叠加和分解思想。

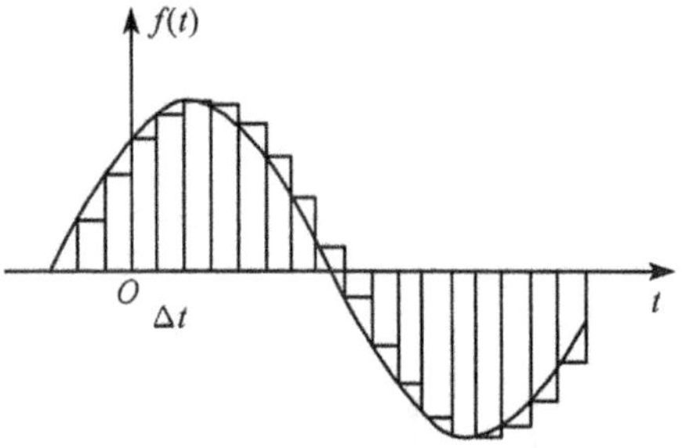

图 1-20　用矩形脉冲函数逼近信号

1.6.1　信号的脉冲分解

将连续信号分解成一系列矩形脉冲函数之和是科学技术中常用的分解方法，如图 1-20 所示。先将时间坐标以 Δt 为间隔作等间隔划分，信号在每个 Δt 区间内的值用该区间左边界的信号值近似，如在 $[0,\Delta t)$ 区间内的信号，其取值为 $f(0)$，则可表示为

$$f(t)=f(0)[u(t)-u(t-\Delta t)],\quad 0\leqslant t<\Delta t \tag{1-53}$$

在任意 $[t_i,t_i+\Delta t)$ 区间内的信号，其取值可表示为

$$f(t)=f(t_i)[u(t-t_i)-u(t-t_i-\Delta t)],\quad t_i\leqslant t<t_i+\Delta t \tag{1-54}$$

因为 $t_i=i\Delta t$，所以区间 $[t_i,t_i+\Delta t)$ 可表示为 $[i\Delta t,(i+1)\Delta t)$，于是

$$f(t)=f(i\Delta t)[u(t-i\Delta t)-u(t-(i+1)\Delta t)],\quad i\Delta t\leqslant t<(i+1)\Delta t \tag{1-55}$$

由于上述分段是不重叠分段，即段与段之间是互不重叠的，所以将各段逼近加起来就得到整个信号的逼近，即

$$f(t)\approx\sum_{i=-\infty}^{t}f(i\Delta t)[u(t-i\Delta t)-u(t-(i+1)\Delta t)] \tag{1-56}$$

对式(1-56)取极限就得到信号的精确表示

$$\begin{aligned}f(t)&=\lim_{\Delta t\to 0}\sum_{i=-\infty}^{t}f(i\Delta t)[u(t-i\Delta t)-u(t-(i+1)\Delta t)]\\&=\lim_{\Delta t\to 0}\sum_{i=-\infty}^{t}f(i\Delta t)\frac{[u(t-i\Delta t)-u(t-(i+1)\Delta t)]}{\Delta t}\Delta t\end{aligned} \tag{1-57}$$

当 Δt 趋于零时，有

$$i\Delta t\to\tau$$

$$\Delta t\to \mathrm{d}\tau$$

$$\frac{[u(t-i\Delta t)-u(t-(i+1)\Delta t)]}{\Delta t}\to\frac{\mathrm{d}}{\mathrm{d}t}u(t-\tau)=\delta(t-\tau)$$

于是

$$f(t)=\int_{-\infty}^{t}f(\tau)\delta(t-\tau)\mathrm{d}\tau \tag{1-58}$$

式(1-58)表示的是函数 $f(t)$ 与单位冲激函数 $\delta(t)$ 的卷积，实际上**任何一个函数等于该函数与单位冲激函数的卷积。**

对于离散信号类似地有

$$x(n)=\sum_{k=-\infty}^{\infty}x(k)\delta(n-k) \tag{1-59}$$

因为

$$x(k)\delta(n-k)=\begin{cases}x(n), & n=k\\ 0, & n\neq k\end{cases}$$

1.6.2 信号的正交函数分解

在数学中有一类函数称为正交函数，即在$[t_1,t_2]$区间上定义的非零实函数$\phi_1(t)$与$\phi_2(t)$，若满足条件

$$\int_{t_1}^{t_2}\phi_1(t)\phi_2(t)\mathrm{d}t=0 \tag{1-60}$$

则函数$\phi_1(t)$与$\phi_2(t)$在$[t_1,t_2]$区间上正交。

在$[t_1,t_2]$区间上定义的非零函数集$\{\phi_1(t),\phi_2(t),\cdots,\phi_n(t)\}$，若其中任意两个函数$\phi_i(t)$与$\phi_j(t)$均满足

$$\int_{t_1}^{t_2}\phi_i(t)\phi_j(t)=\begin{cases}0, & i\neq j\\ k_i, & i=j\end{cases} \tag{1-61}$$

式中，k_i为常数，则称函数集$\{\phi_1(t),\phi_2(t),\cdots,\phi_n(t)\}$为在$[t_1,t_2]$区间上的正交函数集。

常见的正交函数集有正弦函数集有

$$\{1,\sin(\Omega_0 t+\varphi_1),\sin(2\Omega_0 t+\varphi_2),\cdots,\sin(n\Omega_0 t+\varphi_n),\cdots\}$$

在$\left[0,\dfrac{2\pi}{\Omega_0}\right]$区间上正交。

如果函数$F_n(t)$和$F_m(t)$是变量为t的复函数，它们满足

$$\int_{t_1}^{t_2}F_n(t)F_m^*(t)\mathrm{d}t=\begin{cases}0, & n\neq m\\ k_n, & n=m\end{cases} \tag{1-62}$$

式中，k_n为常数，$F_m^*(t)$为$F_m(t)$的共轭函数(即虚部互为反号)，则称$F_n(t)$与$F_m(t)$为在$[t_1,t_2]$区间上的正交函数。如果有函数集$\{F_n(t),n\in\mathbf{Z}\}$，其中任意两个函数都满足式(1-62)正交关系，则称这个函数集为正交函数集。例如，$\{\mathrm{e}^{\mathrm{j}k\Omega_0 t},k\in\mathbf{Z}\}$就是在$\left(-\dfrac{\pi}{\Omega_0},\dfrac{\pi}{\Omega_0}\right)$区间上的正交函数集。

如果一个函数集是**完备**的，即在正交区间内$[t_1,t_2]$，不存在非零函数，使得

$$\int_{t_1}^{t_2}x(t)\phi_i(t)\mathrm{d}t=0,\quad i\in\mathbf{Z} \tag{1-63}$$

成立，则任意一个在$[t_1,t_2]$区间内，有连续的一阶导数和分段连续的二阶导数的

函数可以用函数集中函数的加权和(或积分)表示,这就是信号的**正交分解**,即

$$f(t) = \sum_{i=-\infty}^{\infty} c_i \phi_i(t) \tag{1-64}$$

式中,c_i 为常系数。式(1-64)为函数 $f(t)$的正交分解。

对于函数的正交分解在高等数学中已经见过,一个满足狄利克雷条件(只有有限个间断点)的周期函数可以展开成傅里叶级数,即

$$f(t) = a_0 + \sum_{n=1}^{\infty}[a_n\cos(n\Omega_0 t) + b_n\sin(n\Omega_0 t)] \tag{1-65}$$

式中,Ω_0基波角频率,它与函数周期 T 有如下关系

$$\Omega_0 = \frac{2\pi}{T} \tag{1-66}$$

式(1-65)中各系数由下列公式确定

$$\begin{cases} a_0 = \dfrac{1}{T}\displaystyle\int_{t_0}^{t_0+T} f(t)\mathrm{d}t \\ a_n = \dfrac{2}{T}\displaystyle\int_{t_0}^{t_0+T} f(t)\cos(n\Omega_0 t)\mathrm{d}t \\ b_n = \dfrac{2}{T}\displaystyle\int_{t_0}^{t_0+T} f(t)\sin(n\Omega_0 t)\mathrm{d}t \end{cases} \tag{1-67}$$

式(1-65)就是周期函数的三角函数展开式,它是傅里叶级数的一种形式。利用三角恒等变换式(1-65)可以写成

$$f(t) = c_0 + \sum_{n=1}^{\infty} c_n\cos(n\Omega_0 t + \varphi_n) \tag{1-68}$$

式中

$$\begin{cases} c_0 = a_0 \\ c_n = \sqrt{a_n^2 + b_n^2} \\ \varphi_n = \arctan\left(-\dfrac{b_n}{a_n}\right) \end{cases} \tag{1-69}$$

根据欧拉公式可以将正弦函数用复指数函数来替代,于是可以导出傅里叶级数的另一种形式

$$f(t) = \sum_{n=-\infty}^{\infty} F_n \mathrm{e}^{\mathrm{j}n\Omega_0 t} \tag{1-70}$$

式中

$$F_n = \frac{1}{T}\int_{t_0}^{t_0+T} f(t)\mathrm{e}^{-\mathrm{j}n\Omega_0 t}\mathrm{d}t \tag{1-71}$$

因为

$$\int_{t_0}^{t_0+T}\cos(n\Omega_0 t)\sin(m\Omega_0 t)\mathrm{d}t=0,\quad n、m \text{ 为任意整数} \tag{1-72}$$

$$\int_{t_0}^{t_0+T}\cos(n\Omega_0 t)\cos(m\Omega_0 t)\mathrm{d}t=\begin{cases}\dfrac{T}{2}, & m=n\\ 0, & m\neq n\end{cases} \tag{1-73}$$

$$\int_{t_0}^{t_0+T}\sin(n\Omega_0 t)\sin(m\Omega_0 t)\mathrm{d}t=\begin{cases}\dfrac{T}{2}, & m=n\\ 0, & m\neq n\end{cases} \tag{1-74}$$

以上各式证明了函数集$\{\cos(n\Omega_0 t),\sin(n\Omega_0 t)\}$为正交函数集。

狄利克雷条件[5]

条件 1:在任何周期内,$x(t)$必须绝对可积,即

$$\int_T |x(t)|\,\mathrm{d}t<\infty$$

不满足条件 1 的周期信号为:$x(t)=\dfrac{1}{t}$,$0<t\leqslant 1$。

条件 2:在任意周期内,$x(t)$具有有限个起伏变化;也就是说,在任何单个周期内,$x(t)$的最大值和最小值的数目有限。

不满足条件 2 的周期信号为:$x(t)=\sin\left(\dfrac{2\pi}{t}\right)$,$0<t\leqslant 1$。

条件 3:在 $x(t)$的任何有限区间内,只有有限个不连续点,而且在这些不连续点上,函数是有限。

不满足条件 3 的函数有,$x(t)$表示一个阶梯函数,它是这样组成的:后一个阶梯的高度和宽度都是前一个阶梯的一半。

注:在那些孤立的不连续点上,傅里叶级数收敛于不连续点处的平均值。

1.7 系　　统

至此我们已经学习了信号及其常见表示形式。现在我们介绍系统的概念、系统的分类和系统的表示。

所谓系统是指相互依赖、相互作用的若干事物组成的具有特定功能的整体。注意系统的构成不是单一的作用体,而是若干个作用体;并且各作用体既相互作用又相互依赖,任何一方的消失都不能成为系统;此外系统必须具有特定功能。

具体的系统是一些元件、装置或子系统的互联。一台电视机是一个系统,它将射频信号(或视频信号)转换为图像信号和声信号;计算机也是一个系统,人们给计算机

输入程序指令，计算机就根据指令完成各项计算工作，并且将计算结果以要求的方式输出。注意到我们在描述系统时总是用输入和输出来描述，广义地讲，一个系统可以看成一个过程，系统对输入信号处理后再输出，或者说系统把输入“变换”成输出。

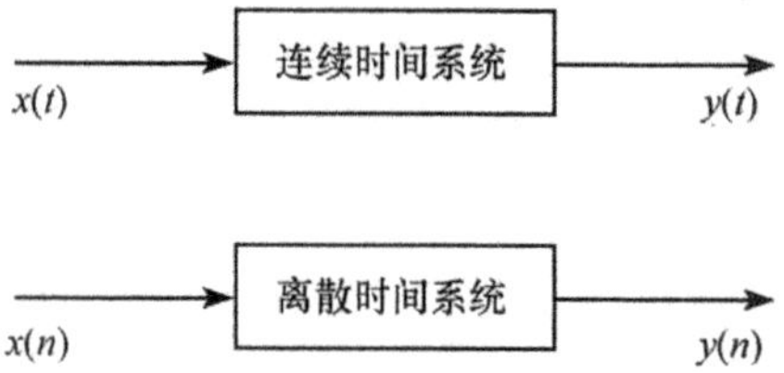

图 1-21　连续时间系统和离散时间系统

根据输入输出信号的特征，可以将系统分为两大类，即连续时间系统和离散时间系统。所谓连续时间系统是指输入输出信号均为连续信号的系统(图 1-21)。所谓离散时间系统是指输入输出信号均为离散信号的系统。现在讨论连续时间系统与离散时间系统的描述方法。

1.7.1　连续时间系统的描述

描述连续时间系统的常用方法是微分方程，一个 n 阶系统的微分方程具有这样的形式

$$\begin{aligned}&a_n\frac{\mathrm{d}^n y(t)}{\mathrm{d}t^n}+a_{n-1}\frac{\mathrm{d}^{n-1}y(t)}{\mathrm{d}t^{n-1}}+\cdots+a_1\frac{\mathrm{d}y(t)}{\mathrm{d}t}+a_0y(t)\\&=b_m\frac{\mathrm{d}^m x(t)}{\mathrm{d}t^m}+b_{m-1}\frac{\mathrm{d}^{m-1}x(t)}{\mathrm{d}t^{m-1}}+\cdots+b_1\frac{\mathrm{d}x(t)}{\mathrm{d}t}+b_0x(t)\end{aligned}\tag{1-75}$$

例如，一个二阶连续时间系统即可以用一个二阶微分方程表示

$$a_2\frac{\mathrm{d}^2y(t)}{\mathrm{d}t^2}+a_1\frac{\mathrm{d}y(t)}{\mathrm{d}t}+a_0y(t)=x(t)\tag{1-76}$$

1.7.2　离散时间系统的描述

离散时间系统的输入与输出是离散时间序列，用差分方程来描述，下面介绍差分的概念。在数学上差分有两种定义，一种叫前向差分，另一种叫后向差分。序列 $y(n)$在 n 处的一阶后向差分定义为

$$\nabla^1 y(n)=y(n)-y(n-1)\tag{1-77}$$

式中，∇表示后向差分，上标表示差分的阶数。类似地二阶后向差分定义为

$$\nabla^2 y(n)=\nabla^1 y(n)-\nabla^1 y(n-1)\tag{1-78}$$

若将式(1-77)定义代入式(1-78)得

$$\begin{aligned}\nabla^2 y(n)&=[y(n)-y(n-1)]-[y(n-1)-y(n-2)]\\&=y(n)-2y(n-1)+y(n-2)\end{aligned}\tag{1-79}$$

依此类推，我们可以定义 N 阶后向差分的定义

$$\nabla^N y(n)=\nabla^{N-1}y(n)-\nabla^{N-1}y(n-1)\tag{1-80}$$

注意，为了书写简便起见，一阶差分的阶数上标往往省略不写，即$\nabla y(n)$就表示一阶后向差分。

序列 $y(n)$ 在 n 处的前向差分定义为

$$\Delta^1 y(n) = y(n+1) - y(n) \tag{1-81}$$

类似地，二阶前向差分为

$$\Delta^2 y(n) = \Delta^1 y(n+1) - \Delta^1 y(n) \tag{1-82}$$

将式(1-81)代入式(1-82)有

$$\begin{aligned}\Delta^2 y(n) &= [y(n+2) - y(n+1)] - [y(n+1) - y(n)] \\ &= y(n+2) - 2y(n+1) + y(n)\end{aligned} \tag{1-83}$$

依此类推，N 阶前向差分方程为

$$\Delta^N y(n) = \Delta^{N-1} y(n+1) - \Delta^{N-1} y(n) \tag{1-84}$$

在信号处理理论中用到的差分是后向差分，所以在以后的论述中若不作特殊声明，则所称的差分均是后向差分。

所谓差分方程就是指由序列的差分项组成的方程，线性常系数差分方程具有以下一般形式

$$\begin{aligned}&c_N \nabla^N y(n) + c_{N-1} \nabla^{N-1} y(n) + \cdots + c_0 y(n) \\ &= d_M \nabla^M x(n) + d_{M-1} \nabla^{M-1} x(n) + \cdots + d_0 x(n)\end{aligned} \tag{1-85}$$

注意到式(1-78)与式(1-79)等价，于是更为一般形式的差分方程为

$$\sum_{k=0}^{N} a_k y(n-k) = \sum_{i=0}^{M} b_i x(n-i) \tag{1-86}$$

式(1-86)尽管不含差分算子∇，但它是与式(1-85)等价的差分方程，也是我们以后论述中经常用到的差分方程形式。

1.7.3　系统的基本运算单元

以上我们讨论了描述连续时间系统的微分方程和一阶微分方程组，以及描述离散时间系统的差分方程。现在介绍系统的基本运算单元，仍然分连续时间系统和离散时间系统进行讨论。

1. 连续时间系统的运算单元

(1) 线性放大单元。线性放大是输入与输出成线性比例关系，即

$$y(t) = Kx(t) \tag{1-87}$$

式中，K 为常数，线性放大单元可以用图 1-22 所示框图表示。

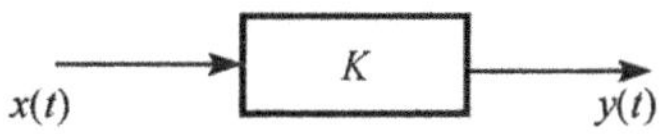

图 1-22　放大器

(2) 积分单元。输出信号是输入信号的积分(图 1-23(a))，即

$$y(t) = \int_{-\infty}^{t} x(\tau)\mathrm{d}\tau \tag{1-88}$$

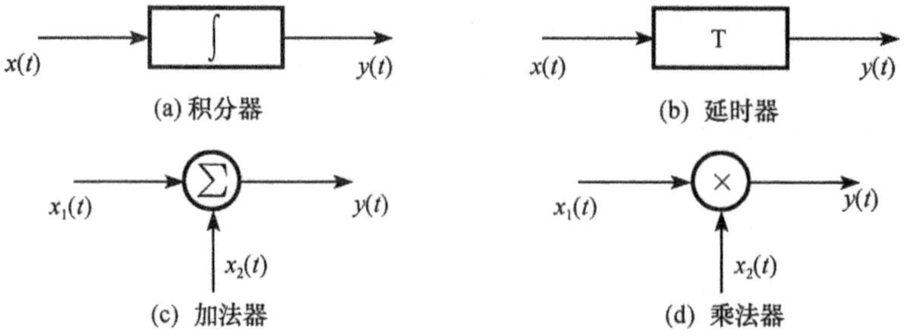

图 1-23　连续信号的运算单元的框图表示

(3) 延时单元。输出信号是输入信号的延时(图 1-23(b)),即

$$y(t)=x(t-T) \tag{1-89}$$

(4) 叠加单元。输出信号是两个(或多个)输入信号的和(图 1-23(c)),即

$$y(t)=x_1(t)+x_2(t) \tag{1-90}$$

(5) 乘积单元。输出信号为两个(或多个)输入信号的乘积(图 1-23(d)),即

$$y(t)=x_1(t)x_2(t) \tag{1-91}$$

2. 离散时间系统的运算单元(图 1-24)

(1) 序列的积。两序列同序号元素逐项相乘所形成的新序列,即

$$y(n)=x_1(n)x_2(n) \tag{1-92}$$

(2) 序列的和(差)。两序列同序号元素逐项相加(减)所形成的新序列,即

$$y(n)=x_1(n)\pm x_2(n) \tag{1-93}$$

(3) 序列的标乘。序列所有元素乘以一个标量 A 所形成的新序列,即

$$y(n)=Ax(n) \tag{1-94}$$

(4) 序列的位移(延时)。序列元素逐项依次位移一个单位(元素)所形成的新序列,即

$$y(n)=x(n-1) \tag{1-95}$$

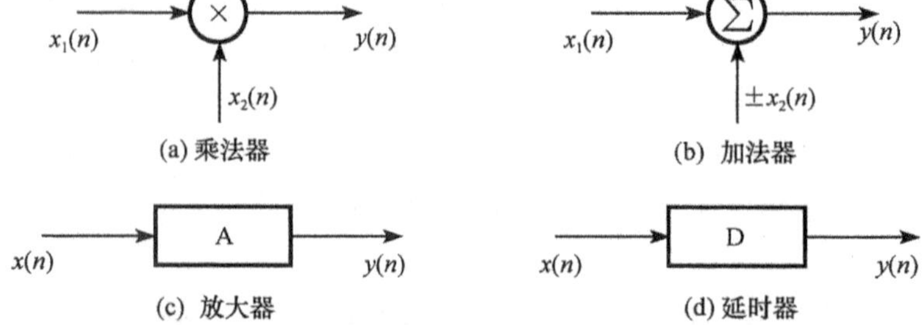

图 1-24　离散信号的运算单元框图表示

1.8　系统的分类

系统的分类方法很多,不同的研究目的采用不同的分类方法,下面介绍系统常见的分类。

(1) 连续时间系统与离散时间系统。这就是前面我们介绍的系统,此外不再赘述。

(2) 动态系统与及时系统。描述系统的方程若为微分方程或含有输出项的差分方程,则系统为动态系统。动态系统的特点:现时刻的输出不仅与现时刻的输入有关,而且还与系统以前的输出(状态)有关。动态系统有时又称为记忆系统。描述系统的方程若为代数方程,则该系统为及时系统,及时系统的输出只与输入有关,而与系统过去的输出(状态)无关。及时系统有时又称为无记忆系统。

(3) 时(移)不变系统与时(移)变系统。描述系统的微分(差分)方程的系数与时间 t(或 n)无关,则该系统为时(移)不变系统。反之,微分(差分)方程的系数与时间 t(或 n)有关,则该系统称为时(移)变系统。时(移)不变系统具有这样的特性:系统的响应与输入作用于系统的时刻无关,即系统的输出响应随系统输入激励的延时(位移)而延时(位移)。

对于连续时间系统,若有 $t=0$ 时刻作用于系统的输入激励 $x(t)$,对应有输出 $y(t)$。如果输入激励延时 t_0 时间再作用于系统,即以 $x(t-t_0)$为激励,则系统的输出也相应地延时 t_0 时间,即系统的输出为 $y(t-t_0)$。类似的结论也适用于离散时间系统中。

例 1-1　已知一个连续时间系统 $y(t)=x(t)+x(t-t_0)$,试确定该系统是否为时不变系统。

解　令输入

$$x'(t) = x(t-t')$$

t'为任意常数,则输出

$$\begin{aligned} y'(t) &= T[x'(t)] = x'(t) + x'(t-t_0) \\ &= x(t-t') + x(t-t'-t_0) = y(t-t') \end{aligned}$$

所以系统是时不变的。

例 1-2　已知一个离散时间系统 $y(n)=x(n)+x(n-1)+n$,试确定该系统是否为移不变系统。

解　令输入

$$x'(n) = x(n-n_0)$$

n_0 为任意整数,则输出

$$y'(n) = T[x'(n)] = x'(n) + x'(n-1) + n$$

$$= x(n-n_0) + x(n-n_0-1) + n - n_0 + n_0 = y(n-n_0) + n_0.$$
$$\neq y(n-n_0)$$

所以系统是移变的。

(4) 线性系统与非线性系统。如果系统同时具有叠加性(可加性)和均匀性(齐次性)时,该系统为线性系统;否则为非线性系统。

所谓叠加性(可加性),是指几个激励同时作用时,系统的响应等于各个激励分别作用时响应的和。

所谓均匀性(齐次性),是指当系统激励强度为原激励强度的 K 倍时,系统的输出响应也为原激励响应的 K 倍。

对于连续时间系统,设 $y_1(t)$ 和 $y_2(t)$ 分别为激励 $x_1(t)$ 和 $x_2(t)$ 产生的响应,当输入为

$$x(t) = ax_1(t) + bx_2(t)$$

式中,a 和 b 为任意常数,如果系统响应为

$$y(t) = ay_1(t) + by_2(t)$$

则该系统为线性系统。类似的结论也适用于离散时间系统中。

常系数线性微分方程表述的系统,在零初始状态下,系统满足叠加性和均匀性。若系统的初始状态不为零,则将系统的外加激励与初始状态的作用分别处理,即分别考虑系统在零状态下和在零输入下,输出与激励或初始状态是否满足叠加性和均匀性。

例 1-3 已知一个系统的输入输出关系为 $y(n)=x(n)+x(n-1)$,试判别该系统是否为线性系统。

解 设

$$y_1(n) = T[x_1(n)] = x_1(n) + x_1(n-1)$$
$$y_2(n) = T[x_2(n)] = x_2(n) + x_2(n-1)$$

令

$$x(n) = ax_1(n) + bx_2(n)$$

这里 a、b 为任意常数,则

$$\begin{aligned} y(n) &= T[x(n)] = x(n) + x(n-1) \\ &= ax_1(n) + bx_2(n) + ax_1(n-1) + bx_2(n-1) \\ &= ax_1(n) + ax_1(n-1) + bx_2(n) + bx_2(n-1) \\ &= ay_1(n) + by_2(n) \end{aligned}$$

所以系统是线性的。

例 1-4 已知一个系统的输入输出关系为 $y(t)=x^2(t)$,证明系统是非线性的。

解 当输入为 $x_1(t)$ 时,输出为

$$y_1(t) = x_1^2(t)$$

当输入为 $x_2(t)$时，输出为

$$y_2(t) = x_2^2(t)$$

令输入

$$x(t) = x_1(t) + x_2(t)$$

则输出

$$\begin{aligned} y(t) &= [x_1(t) + x_2(t)]^2 = x_1^2(t) + 2x_1(t)x_2(t) + x_2^2(t) \\ &= y_1(t) + y_2(t) + 2x_1(t)x_2(t) \neq y_1(t) + y_2(t) \end{aligned}$$

即系统不满足可加性，所以系统是非线性的。

例 1-5　已知系统的初始状态为 $y(0)$，其响应 $y(t)$与输入激励 $x(t)$的关系如下

$$y(t) = y(0) + x(t)\frac{\mathrm{d}x(t)}{\mathrm{d}t}$$

试判断该系统是线性系统还是非线性系统。

解　该系统的输出 $y(t)$不仅与输入激励 $x(t)$有关，而且与系统的初始状态$y(0)$有关。必须分别讨论系统输出 $y(t)$与激励 $x(t)$和初始状态 $y(0)$的线性特性。

先讨论系统输出 $y(t)$与初始状态 $y(0)$的线性特性，这时令外部激励为零，即

$$y(t) = y(0)$$

这是一个线性方程，显然输出 $y(t)$与初始状态 $y(0)$之间有线性关系，即满足叠加性和均匀性。

现在讨论系统输出 $y(t)$与输入激励 $x(t)$间的线性特性，这时令初始状态为零，即

$$y(t) = x(t)\frac{\mathrm{d}x(t)}{\mathrm{d}t}$$

则有

$$y_1(t) = x_1(t)\frac{\mathrm{d}x_1(t)}{\mathrm{d}t}$$

$$y_2(t) = x_2(t)\frac{\mathrm{d}x_2(t)}{\mathrm{d}t}$$

令

$$x(t) = ax_1(t) + bx_2(t),\quad a、b\text{ 均为常数}$$

则

$$\begin{aligned} y(t) &= [ax_1(t) + bx_2(t)]\frac{\mathrm{d}[ax_1(t) + bx_2(t)]}{\mathrm{d}t} \\ &= [ax_1(t) + bx_2(t)]\left[a\frac{\mathrm{d}x_1(t)}{\mathrm{d}t} + b\frac{\mathrm{d}x_2(t)}{\mathrm{d}t}\right] \\ &= a^2x_1(t)\frac{\mathrm{d}x_1(t)}{\mathrm{d}t} + b^2x_2(t)\frac{\mathrm{d}x_2(t)}{\mathrm{d}t} + abx_2(t)\frac{\mathrm{d}x_1(t)}{\mathrm{d}t} + abx_1(t)\frac{\mathrm{d}x_2(t)}{\mathrm{d}t} \end{aligned}$$

$$= a^2 y_1(t) + b^2 y_2(t) + abx_2(t)\frac{\mathrm{d}x_1(t)}{\mathrm{d}t} + abx_1(t)\frac{\mathrm{d}x_2(t)}{\mathrm{d}t}$$

$$\neq ay_1(t) + by_2(t)$$

一个线性系统不仅仅零输入响应满足线性特性，而且系统的零状态响应也要满足线性特性，故本例系统为非线性系统。

(5) 集总参数系统与分布参数系统。由集总参数元件组成的系统称为集总参数系统。含分布参数元件的系统称为分布参数系统，描述分布参数系统的方程不仅含有时间变量，而且含有空间变量。

(6) 因果系统与非因果系统。如果系统输出的变化不超前于输入的变化，则该系统为因果系统，否则为非因果系统。因果系统的响应是系统激励所产生的结果，激励是响应产生的原因，这就是说因果系统的响应只与激励的过去和现在值有关，而与激励将来的任何值无关。一般物理上可实现的系统均为因果系统。对于一个因果系统，若两个输入直到某一时刻 t_0 以前都相等的话，那么在这一时刻以前的输出也一定相等。

设 $y_1(t)$ 和 $y_2(t)$ 分别为激励 $x_1(t)$ 和 $x_2(t)$ 产生的响应，如果

$$x_1(t) = x_2(t), \quad t < t_1$$

有

$$y_1(t) = y_2(t), \quad t < t_1$$

则该系统为因果系统。

对于离散时间系统，也有类似的表述，此处不再赘述。

(7) 系统的稳定性。系统稳定性的概念是非常重要的概念，任何不稳定的系统是没有使用价值的。系统的稳定性可以这样来定义：如果系统输入有界，则系统的输出也必定有界，系统的这一特性就叫做系统的稳定性。若

$$|x(t)| < \infty$$

则有

$$|y(t)| < \infty$$

对于离散时间系统，也有类似的表述，此处不再赘述。

例 1-6 已知一个系统的输入输出关系为

$$y(t) = \int_{-\infty}^{t} x(\tau)\mathrm{d}\tau$$

判定该系统的因果性和稳定性。

解 因果性讨论，设

$$y_1(t) = T[x_1(t)] = \int_{-\infty}^{t} x_1(\tau)\mathrm{d}\tau$$

$$y_2(t) = T[x_2(t)] = \int_{-\infty}^{t} x_2(\tau)\mathrm{d}\tau$$

当 $t<t_0$ 时

$$x_1(t)=x_2(t)$$

则有

$$y_1(t)=y_2(t)$$

所以系统是因果的。

稳定性讨论，设

$$x(t)=Au(t),\quad A\text{ 为有界常数}$$

则

$$y(t)=\int_{-\infty}^{t}Au(\tau)\mathrm{d}\tau=\int_{0}^{t}A\mathrm{d}\tau=At$$

当 $t\rightarrow\infty$ 时

$$y(t)\rightarrow\infty$$

所以系统不稳定。

例 1-7　已知一个系统的输入输出关系为

$$y(t)=x(t)-x(t+t_0)\quad t_0\text{ 为常数}$$

试确定该系统的因果性和稳定性。

解　因果性：

当 $t_0\leqslant 0$ 时，对于

$$x_1(t)=x_2(t),\quad t<t_1$$

则有

$$T[x_1(t)]=T[x_2(t)],\quad t<t_1$$

所以系统是因果的。

当 $t_0>0$ 时，$t+t_0>t$，$x(t+t_0)$ 为一个将来的输入值，这时系统现在时刻的输出与将来的输入有关，因此系统是非因果的。

稳定性：

当输入有界，即 $|x(t)|<\infty$，则 $y(t)$ 为两个有限值的差（或和）因此必定为有限值，即输出 $y(t)$ 也一定有界，所以系统是稳定的。

习　题

1-1　已知 $x(t)=t+1$，画出 $x(2t)$ 和 $x(t/2)$ 的草图。

1-2　已知 $x(t)$ 如题图 1-1 所示，试画出 $x(-t)$ 和 $x(\tau-t)$ 的草图（τ 为常数）。

1-3　写出题图 1-2 所示各信号的表达式。

1-4　画出以下各式表示信号的草图：

(1) $x(t)=tu(t)$。

(2) $x(t)=(t-1)u(t-1)$。

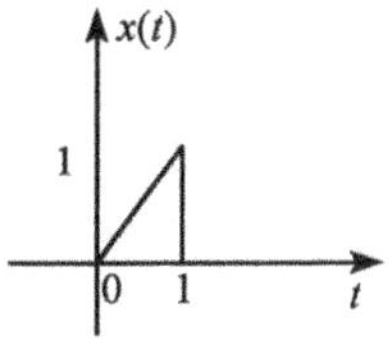

题图 1-1

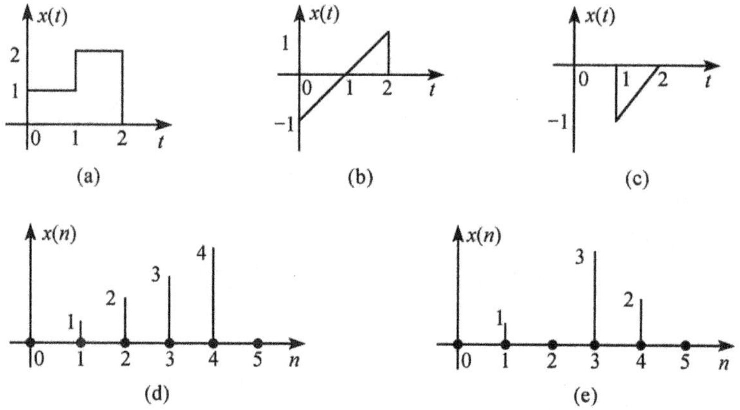

题图 1-2

(3) $x(t)=tu(t-1)$。

(4) $x(t)=(t-1)u(t)$。

1-5 以下各式表示的信号哪些是周期信号？若是，求出最小周期：

(1) $x(n)=e^{j10n}$。

(2) $x(n)=e^{2\pi n}$。

(3) $x(n)=e^{j5\pi n}+e^{j\pi n}$。

(4) $x(n)=e^{j5n}+e^{jn}$。

1-6 已知系统具有初始值 $y(t_0)$，试判别以下给定系统中哪些是线性系统：

(1) $y(t)=ay(t_0)+bx^2(t)$。

(2) $y(t)=y(t_0)+x(t)\dfrac{dx(t)}{dt}$。

(3) $y(t)=y^2(t_0)+3t^3x(t)$。

(4) $y(t)=y(t_0)\sin(5t)+tx(t)$。

(5) $y(t)=x(t)+x(1-t)$。

1-7 试判别以下差分方程表示的系统是否为线性系统：

(1) $y(n)=nx(n)+x(n-1)$。

(2) $y(n)=x(n)y(n-1)$。

(3) $y(n)=f(n)x(n)$。

(4) $y(n)=e^{x(n)}$。

(5) $y(n)=ax(n)+bx(n-1)$，a，b 为常数。

(6) $y(n)=ax(n)+b$，a，b 为常数，且 $b\neq0$。

1-8 试判别以下给定系统中哪些是时不变系统：

(1) $y(t)=x(t)+x(1-t)$。

(2) $y(t)=3tx(t)$。

(3) $y(t)=\int_{-\infty}^{t}x(\tau)d\tau$。

(4) $y(t)=x(2t)$。

(5) $y(t)=\frac{\mathrm{d}}{\mathrm{d}t}x(t)$。

1-9 试判别以下给定系统中哪些是移不变系统：

(1) $y(n)=nx(n)+x(n-1)$。

(2) $y(n)=ax(n)+b$。

(3) $y(n)=\sum_{k=n_0}^{n}x(k)$。

(4) $y(n)=x(n)+ax(n-1)$，a 为常数。

1-10 试判别以下给定系统中哪些是因果系统：

(1) $T[x(n)]=x(n+1)+\sin[\omega_0(n+1)]$。

(2) $T[x(n)]=x(n)+x(n-n_0)$。

(3) $T[x(n)]=x(-n)$。

(4) $T[x(n)]=x(n)(n+1)$。

1-11 试判别以下给定系统中哪些是稳定系统：

(1) $T[x(n)]=\sum_{k=n_0}^{n}x(k)$。

(2) $T[x(n)]=\sum_{k=n_0}^{N}x(k)$。

(3) $T[x(n)]=nx(n)$。

(4) $T[x(n)]=x(n)+n$。

第 2 章　单输入单输出系统的时域分析

2.1　概　　述

信号系统的功能是通过对激励信号按照某种规则加工后变成输出信号来体现的，实际上，系统是将输入“变换”成输出的装置或“过程”。在系统分析理论中很重要的任务就是研究系统输入与输出的关系，本章主要任务就是讨论线性时不变系统的单输入单输出关系。由于线性时不变系统具有线性特性和时不变特性，因此有许多有效的数学方法可以用来对系统进行分析和描述，而且线性时不变系统的分析理论也是系统分析理论中最为基本的理论基础。

2.2　连续系统的时域分析

连续系统可以用下面的微分方程表示

$$\frac{d^n y(t)}{dt^n}+a_{n-1}\frac{d^{n-1}y(t)}{dt^{n-1}}+\cdots+a_1\frac{dy(t)}{dt}+a_0 y(t)$$

$$=b_m\frac{d^m x(t)}{dt^m}+b_{m-1}\frac{d^{m-1}x(t)}{dt^{m-1}}+\cdots+b_1\frac{dx(t)}{dt}+b_0 x(t) \tag{2-1}$$

式中，$x(t)$为系统输入激励，$y(t)$为系统的输出响应，m、n 为微分方程的阶数，系数 a_i 和 b_i 均为常数。式(2-1)的解可分为自由响应和强制响应的和，即

$$y(t)=y_n(t)+y_f(t) \tag{2-2}$$

式中，$y_n(t)$为系统的自由响应，它取决于系统的初始状态；$y_f(t)$为系统的强制响应，它取决于系统的输入。系统的自由响应 $y_n(t)$就是式(2-1)的通解，即有

$$\frac{d^n y_n(t)}{dt^n}+a_{n-1}\frac{d^{n-1}y_n(t)}{dt^{n-1}}+\cdots+a_1\frac{dy_n(t)}{dt}+a_0 y_n(t)=0 \tag{2-3}$$

根据式(2-3)可以写出微分方程的特征方程

$$\alpha^n+a_{n-1}\alpha^{n-1}+a_{n-2}\alpha^{n-2}+\cdots+a_1\alpha+a_0=0 \tag{2-4}$$

这是一个一元 n 次代数方程，它有 n 个根，称之为式(2-1)微分方程的特征根。对于每一个单阶实根 α_i，在通解 $y_n(t)$中有 $e^{\alpha_i t}$ 分量与之对应；对于每一个 k_j 阶实根 α_j，在通解 $y_n(t)$中有 k_j 个 $e^{\alpha_j t}, te^{\alpha_j t}, t^2e^{\alpha_j t}, \cdots, t^{k_j-1}e^{\alpha_j t}$ 分量与之对应，即式(2-1)的通解具有这样的形式

$$y_n(t) = \sum_{i=1}^{m} c_i e^{\alpha_i t} + \sum_{j=1}^{p}\sum_{l=1}^{k_j} d_{j,l} t^{k_j - l} e^{\alpha_j t} \tag{2-5}$$

式中，c_i 和 $d_{j,l}$为待定系数，$m+\sum_{j=1}^{p} k_j = n$ 为式(2-1)微分方程的阶数。

如果式(2-4)得到的是复根，则每一对单阶共轭复根 $\alpha_i \pm j\beta_i$，在通解 $y_n(t)$中就有 $e^{\alpha_i t}\cos(\beta_i t)$和 $e^{\alpha_i t}\sin(\beta_i t)$两个分量与之对应；对于每一对 k_j 阶共轭复根 $\alpha_j \pm j\beta_j$，在通解 $y_n(t)$中就有

$$e^{\alpha_j t}\cos(\beta_j t), e^{\alpha_j t}\sin(\beta_j t); te^{\alpha_j t}\cos(\beta_j t), te^{\alpha_j t}\sin(\beta_j t); \cdots; t^{k_j-1} e^{\alpha_j t}\cos(\beta_j t), t^{k_j-1} e^{\alpha_j t}\sin(\beta_j t)$$

分量与之对应。于是式(2-1)的通解具有这样的形式

$$y_n(t) = \sum_{i=1}^{m}[c_i\cos(\beta_i t) + d_i\sin(\beta_i t)]e^{\alpha_i t} + \sum_{j=1}^{p}\sum_{l=1}^{k_j}[g_{j,l}\cos(\beta_j t) + h_{j,l}\sin(\beta_j t)]t^{k_j-l}e^{\alpha_j t} \tag{2-6}$$

式中，c_i、d_i、$g_{j,l}$和 $h_{j,l}$均为待定常数。注意式(2-5)是式(2-6)在 $\beta_i=0$ 时的特例。

系统的强制响应是式(2-1)的特解，它与系统的输入形式有关，几种典型激励对应的线性时不变系统的特解如表 2-1 所示。

表 2-1

激励函数	特解形式	
E(常数)	A(常数)	
t^m	$A_m t^m + A_{m-1}t^{m-1}+\cdots+A_1 t + A_0$	
$e^{\alpha t}$	$Ae^{\alpha t}$	当 α 不是特征根时
	$A_1 te^{\alpha t} + A_0 e^{\alpha t}$	当 α 是单阶特征根时
	$A_k t^k e^{\alpha t} + A_{k-1}t^{k-1}e^{\alpha t}+\cdots+A_1 te^{\alpha t}+A_0 e^{\alpha t}$	当 α 是 k 阶特征根时
$\cos(\Omega t)$或 $\sin(\Omega t)$	$A_1\cos(\Omega t)+A_2\sin(\Omega t)$	

通过上述求解过程可以得到带有待定系数的微分方程全解，再根据初始条件确定全解中的待定系数。下面举例说明。

例 2-1　给定系统微分方程

$$\frac{d^2 y(t)}{dt^2} + 5\frac{dy(t)}{dt} + 6y(t) = 2\frac{d^2 x(t)}{dt^2} + 6\frac{dx(t)}{dt}$$

激励信号为 $x(t)=(1+e^{-t})$，初始状态为 $y(0^-)=1, y'(0^-)=0$，求系统的响应。

解　将已知条件(激励信号)代入微分方程

$$\frac{d^2 y(t)}{dt^2} + 5\frac{dy(t)}{dt} + 6y(t) = -4e^{-t}$$

由此可得特征方程

$$\alpha^2 + 5\alpha + 6 = 0$$

这个特征方程有两个单阶实根，即 $\alpha_1=-3, \alpha_2=-2$，则微分方程的通解(齐次解)

为

$$y_n(t) = c_1 e^{-3t} + c_2 e^{-2t}$$

式中,c_1 和 c_2 为待定系数。因为微分方程的右边为 e^{-t},故设微分方程的特解为

$$y_f(t) = Ae^{-t}$$

将特解代入微分方程

$$Ae^{-t} - 5Ae^{-t} + 6Ae^{-t} = -4e^{-t}$$

$$2Ae^{-t} = -4e^{-t}$$

即有

$$A = -2$$

于是,微分方程的全解为

$$\begin{aligned} y(t) &= y_n(t) + y_f(t) \\ &= c_1 e^{-3t} + c_2 e^{-2t} - 2e^{-t} \end{aligned}$$

所以

$$\frac{dy(t)}{dt} = -3c_1 e^{-3t} - 2c_2 e^{-2t} + 2e^{-t}$$

因为在微分方程的右边没有冲激项,所以系统不会跳变,即有

$$y(0^+) = y(0^-) = 1, \quad y'(0^+) = y'(0^-) = 0$$

将初始值代入有

$$c_1 + c_2 - 2 = 1$$

$$-3c_1 - 2c_2 + 2 = 0$$

以上两式联立求解得 $c_1 = -4, c_2 = 7$,故系统的响应为

$$y(t) = -4e^{-3t} + 7e^{-2t} - 2e^{-t}$$

例 2-2 若系统的微分方程为

$$\frac{d^2 y(t)}{dt^2} + \frac{dy(t)}{dt} + y(t) = \frac{dx(t)}{dt} + x(t)$$

求系统的单位冲激响应。

解 系统的冲激响应就是系统输入为单位冲激信号时系统的输出(响应),即有 $x(t) = \delta(t)$,微分方程可以写成

$$\frac{d^2 y(t)}{dt^2} + \frac{dy(t)}{dt} + y(t) = \delta'(t) + \delta(t)$$

先求微分方程的齐次解,根据微分方程可以写出特征方程

$$\alpha^2 + \alpha + 1 = 0$$

这个特征方程有一对共轭复根:$\alpha_1 = -\frac{1}{2} + j\frac{\sqrt{3}}{2}, \alpha_2 = -\frac{1}{2} - j\frac{\sqrt{3}}{2}$,则微分方程的通解为

$$y_n(t) = \mathrm{e}^{-\frac{1}{2}t}\left[c_1\cos\left(\frac{\sqrt{3}}{2}t\right)+c_2\sin\left(\frac{\sqrt{3}}{2}t\right)\right]u(t)$$

式中，c_1 和 c_2 为待定系数。因为

$$\begin{aligned}
y'(t) &= -\frac{1}{2}\mathrm{e}^{-\frac{1}{2}t}\left[c_1\cos\left(\frac{\sqrt{3}}{2}t\right)+c_2\sin\left(\frac{\sqrt{3}}{2}t\right)\right]u(t)\\
&\quad +\mathrm{e}^{-\frac{1}{2}t}\left[-c_1\frac{\sqrt{3}}{2}\sin\left(\frac{\sqrt{3}}{2}t\right)+c_2\frac{\sqrt{3}}{2}\cos\left(\frac{\sqrt{3}}{2}t\right)\right]u(t)+c_1\delta(t)\\
&= \mathrm{e}^{-\frac{1}{2}t}\left[\frac{\sqrt{3}c_2-c_1}{2}\cos\left(\frac{\sqrt{3}}{2}t\right)-\frac{c_2+\sqrt{3}c_1}{2}\sin\left(\frac{\sqrt{3}}{2}t\right)\right]u(t)+c_1\delta(t)
\end{aligned}$$

$$\begin{aligned}
y''(t) &= -\frac{1}{2}\mathrm{e}^{-\frac{1}{2}t}\left[\frac{\sqrt{3}c_2-c_1}{2}\cos\left(\frac{\sqrt{3}}{2}t\right)-\frac{c_2+\sqrt{3}c_1}{2}\sin\left(\frac{\sqrt{3}}{2}t\right)\right]u(t)+c_1\delta'(t)\\
&\quad +\mathrm{e}^{-\frac{1}{2}t}\left[-\frac{\sqrt{3}}{2}\frac{\sqrt{3}c_2-c_1}{2}\sin\left(\frac{\sqrt{3}}{2}t\right)-\frac{\sqrt{3}}{2}\frac{c_2+\sqrt{3}c_1}{2}\cos\left(\frac{\sqrt{3}}{2}t\right)\right]u(t)+\frac{\sqrt{3}c_2-c_1}{2}\delta(t)\\
&= \mathrm{e}^{-\frac{1}{2}t}\left[-\frac{\sqrt{3}c_2+c_1}{2}\cos\left(\frac{\sqrt{3}}{2}t\right)-\frac{c_2-\sqrt{3}c_1}{2}\sin\left(\frac{\sqrt{3}}{2}t\right)\right]u(t)+\frac{\sqrt{3}c_2-c_1}{2}\delta(t)+c_1\delta'(t)
\end{aligned}$$

将以上各式代入微分方程

$$\begin{aligned}
&\mathrm{e}^{-\frac{1}{2}t}\left[-\frac{\sqrt{3}c_2+c_1}{2}\cos\left(\frac{\sqrt{3}}{2}t\right)-\frac{c_2-\sqrt{3}c_1}{2}\sin\left(\frac{\sqrt{3}}{2}t\right)\right]u(t)+\frac{\sqrt{3}c_2-c_1}{2}\delta(t)+c_1\delta'(t)\\
&\quad +\mathrm{e}^{-\frac{1}{2}t}\left[\frac{\sqrt{3}c_2-c_1}{2}\cos\left(\frac{\sqrt{3}}{2}t\right)-\frac{c_2+\sqrt{3}c_1}{2}\sin\left(\frac{\sqrt{3}}{2}t\right)\right]u(t)+c_1\delta(t)\\
&\quad +\mathrm{e}^{-\frac{1}{2}t}\left[c_1\cos\left(\frac{\sqrt{3}}{2}t\right)+c_2\sin\left(\frac{\sqrt{3}}{2}t\right)\right]u(t)=\delta'(t)+\delta(t)
\end{aligned}$$

整理后，得

$$c_1\delta'(t)+\frac{\sqrt{3}c_2+c_1}{2}\delta(t)=\delta'(t)+\delta(t)$$

比较等式两边同类同次项系数，得 $c_1=1, c_2=\frac{\sqrt{3}}{3}$。于是系统的单位冲激响应为

$$y(t) = \mathrm{e}^{-\frac{1}{2}t}\left[\cos\left(\frac{\sqrt{3}}{2}t\right)+\frac{\sqrt{3}}{3}\sin\left(\frac{\sqrt{3}}{2}t\right)\right]u(t)$$

对于线性时不变系统的微分方程的全解可以分为零输入响应与零状态响应之和，即

$$y(t) = y_{zi}(t)+y_{zs}(t)$$

零输入响应是指没有外加激励信号作用下，仅有系统的初始储能所引起的响应，用符号 $y_{zi}(t)$ 表示。零状态响应是指系统初始状态为零时，仅由外加激励信号引起的响应，用符号 $y_{zs}(t)$。

零输入响应就是系统微分方程的齐次解，它的解法如前所述，它具有以下形式

$$y_{zi}(t) = \sum_{i=1}^{m} c_i e^{\alpha_i t} + \sum_{j=1}^{p} \sum_{l=1}^{k_j} d_{j,l} t^{k_j - l} e^{\alpha_j t}$$

式中，c_i 和 $d_{j,l}$ 为待定系数，α_i 为齐次方程的单阶实根，α_j 为齐次方程的 k_j 阶实根，$m + \sum_{j=1}^{p} k_j = n$ 为微分方程的阶数。待定系数的求解如前所述。

零状态响应是零初始条件下非齐次微分方程的全解，这时微分方程的全解仍分为齐次解和特解两部分来求解，其解法与前述方法相同，只是初始值为零。

2.3 离散系统的时域分析

在第 1 章中已经介绍，描述离散系统的数学手段为差分方程(准确地说是后向差分方程)，差分方程可以用递推的方法求解。

例 2-3 已知系统的差分方程为

$$y(n) = 1.5x(n) + 0.5y(n-1)$$

系统的初始条件为 $y(n)=0, n<0$，输入为 $x(n)=\delta(n)$，求系统的响应。

解 题给 $y(n)=0, n<0$

所以只需求出 $n \geqslant 0$ 时的输出响应，因为

$$y(0) = 1.5x(0) + 0.5y(-1)$$

而 $x(0)=\delta(0)=1, y(-1)=0$，所以 $y(0)=1.5$。依此类推

$$y(1) = 1.5x(1) + 0.5y(0) = \frac{3}{4}$$

$$y(2) = 1.5x(2) + 0.5y(1) = \frac{3}{8}$$

实际上，因 $n>0$ 时，$\delta(n)=0$，即 $x(n)=0$，所以这时差分方程可以改写成

$$y(n) = \frac{1}{2} y(n-1), \quad n > 0$$

上式说明系统的输出具有等比级数形式，即

$$y(n) = \frac{3}{2} \left(\frac{1}{2}\right)^n u(n)$$

这就是差分方程的解。

例 2-4 将例 2-3 中的初始条件改为 $y(n)=0, n>0$，其他条件不变，求系统的输出。

解 此题与例 2-3 的要求范围刚好相反，为了求出 $n \leqslant 0$ 时的输出响应，将差分方程改写为

$$y(n-1) = 2[y(n) - 1.5x(n)]$$

或

$$y(n)=2[y(n+1)-1.5x(n+1)]$$

所以有

$$y(0)=2[y(1)-1.5x(1)]=0$$

$$y(-1)=2[y(0)-1.5x(0)]=-1.5\left(\frac{1}{2}\right)^{-1}$$

$$y(-2)=2[y(-1)-1.5x(-1)]=-1.5\left(\frac{1}{2}\right)^{-2}$$

依此递推下去就得到

$$y(n)=-1.5\left(\frac{1}{2}\right)^{n}u(-n-1)$$

注意上式中的 $n\leqslant 0$。

递推法的优点是简单明了，缺点是不易得到差分方程的解析解。实际上，差分方程的求解也可以用类似于微分方程的经典解法，即将全解分解为“通解”和“特解”两部分，“通解”就是差分方程的“齐次解”，差分方程的齐次部分的一般形式为

$$\sum_{k=0}^{N}a_k y(n-k)=0$$

假定 $a_0=1$，则差分方程的特征方程为

$$\alpha^N+a_1\alpha^{N-1}+\cdots+a_{N-1}\alpha+a_N=0$$

特征方程有 N 个根。

(1) 对于每个单阶实根 α_i，对应于齐次解中的 α_i^n 分量；

(2) 对于每个 k_j 阶实根 α_j，对应于齐次解中的 $\alpha_j^n, n\alpha_j^n, \cdots, n^{k_j-1}\alpha_j^n$ 分量。所以差分方程的通解一般具有以下形式

$$y_{\mathrm{n}}(n)=\sum_{i=1}^{m}c_i\alpha_i^n+\sum_{j=1}^{p}\sum_{l=1}^{k_j}d_{j,l}n^{k_j-l}\alpha_j^n$$

式中，c_i 和 $d_{j,l}$ 为待定系数，差分方程的特解与微分方程的特解一样取决于系统的激励序列，表 2-2 给出了几种典型激励序列下的特解形式。

表 2-2

激励序列	特解形式	
n^m	$A_m n^m+A_{m-1}n^{m-1}+\cdots+A_1 n+A_0$	
α^n	$A\alpha^n$ $A_1 n\alpha^n+A_0\alpha^n$ $A_k n^k\alpha^n+A_{k-1}n^{k-1}\alpha^n+\cdots+A_1 n\alpha^n+A_0\alpha^n$	当 α 不是特征根时 当 α 是特征单根时 当 α 是 k 阶特征根时
e^{an}（a 为实常数）	$A\mathrm{e}^{an}$	
$\mathrm{e}^{\mathrm{j}\omega n}$	$A\mathrm{e}^{\mathrm{j}\omega n}$	
$\sin[\omega(n-n_0)]$或 $\cos[\omega(n-n_0)]$	$A_1\cos(\omega n)+A_2\sin(\omega n)$	

例 2-5　已知一个线性移不变系统的差分方程为

$$y(n)-y(n-1)-2y(n-2)=x(n)+2x(n-2)$$

若输入为 $x(n)=u(n)$，且 $y(-1)=2, y(-2)=-\frac{1}{2}$，求系统的输出响应。

解　写出齐次方程

$$y(n)-y(n-1)-2y(n-2)=0$$

即有系统的特征方程

$$\alpha^2-\alpha-2=0$$

求得特征根 $\alpha_1=-1, \alpha_2=2$，所以系统的齐次解为

$$y_n(n)=c_1(-1)^n+c_2 2^n$$

由于 $x(n)=u(n)$，设系统的特解为 $y_f(n)=A$。将特解代入原差分方程

$$A-A-2A=u(n)+2u(n-2)$$

注意到在不同的时刻上式右边的取值不同，即当 n 从 0 到 2 时，系统的激励也由 $u(n)$ 变为 $u(n)+2u(n-2)$，现在考虑 $n\geqslant 2$ 时，有

$$A=-\frac{3}{2}$$

所以系统全解为($n\geqslant 2$ 时)

$$\begin{aligned}y(n)&=y_n(n)+y_f(n)\\&=c_1(-1)^n+c_2 2^n-\frac{3}{2}\end{aligned}$$

已知初始值为 $y(-1)=2$ 和 $y(-2)=-\frac{1}{2}$，要确定上式中的待定系数必须知道初始条件 $y(2)$ 和 $y(3)$ 的值，由原差分方程可得

$$y(n)=u(n)+2u(n-2)+y(n-1)+2y(n-2)$$

代入已知初始值得

$$y(0)=1+0+y(-1)+2y(-2)=1+2+2\left(-\frac{1}{2}\right)=2$$

$$y(1)=1+0+y(0)+2y(-1)=1+2+2\times 2=7$$

$$y(2)=1+2+y(1)+2y(0)=1+2+7+2\times 2=14$$

$$y(3)=1+2+y(2)+2y(1)=1+2+14+2\times 7=31$$

于是有

$$c_1(-1)^2+c_2 2^2-\frac{3}{2}=14$$

$$c_1(-1)^3+c_2 2^3-\frac{3}{2}=31$$

联立求解上式得 $c_1=-\frac{1}{2}, c_2=4$。于是当 $n\geqslant 2$ 时，系统的输出响应为

$$y(n) = -\frac{1}{2}(-1)^n + 4 \times 2^n - \frac{3}{2}$$

现在考虑 $n<0$ 时,系统的输出响应。在 $n<0$ 时系统的输入为零,即差分方程得齐次解就是系统的输出响应,有

$$y(n) = c_1(-1)^n + c_2 2^n$$

代入初始条件

$$y(-1) = c_1(-1)^{-1} + c_2 2^{-1} = 2$$

$$y(-2) = c_1(-1)^{-2} + c_2 2^{-2} = -\frac{1}{2}$$

联立求解得 $c_1=-1, c_2=2$,即有当 $n<0$ 时,系统输出响应为

$$y(n) = -(-1)^n + 2 \times 2^n = (-1)^{n+1} + 2^{n+1}$$

综合前面的分析结果的差分方程得全解表达式为

$$y(n) = \begin{cases} (-1)^n + 2^{n+1}, & n<0 \\ 2, & n=0 \\ 7, & n=1 \\ -\frac{1}{2}(-1)^n + 2^{n+2} - \frac{3}{2}, & n \geqslant 2 \end{cases}$$

差分方程的求解也可以像微分方程求解一样分解为**零输入响应**和**零状态响应**两部分求解,零输入响应就是差分方程的齐次解,求法如同前述;零状态响应包含了差分方程的齐次解和特解两部分,所不同的是初始状态为零,求法如同前述。

现在用零输入响应和零状态响应分解法求例 2-4 差分方程的解(系统的全响应)。先求系统的零输入响应,由例 2-4 解可知差分方程的齐次解具有如下形式:

$$y_{zi}(n) = c_1(-1)^n + c_2 2^n$$

因为输入为零,所以可用题给初始条件求上式中的待定系数,即

$$y_{zi}(-1) = c_1(-1)^{-1} + c_2 2^{-1} = 2$$

$$y_{zi}(-2) = c_1(-1)^{-2} + c_2 2^{-2} = -\frac{1}{2}$$

整理后

$$-c_1 + \frac{1}{2}c_2 = 2$$

$$c_1 + \frac{1}{4}c_2 = -\frac{1}{2}$$

联立求解得 $c_1=-1, c_2=2$。所以系统的零输入响应为

$$y_{zi}(n) = (-1)^{n+1} + 2^{n+1}$$

现在求系统的零状态响应,即令初始值为零,系统的零状态响应可以看成分别由激励 $u(n)$ 和 $2u(n-2)$ 作用产生的。先求在 $u(n)$ 作用下的零状态响应,因为

$x(n)=u(n)$，系统的特解(查表 2-2)为

$$y_{zsf}(n)=A$$

A 为待定常数，将上式代入差分方程有

$$A-A-2A=u(n)$$

求得 $A=-\frac{1}{2}u(n)$，即有

$$y_{zsf}(n)=-\frac{1}{2}u(n)$$

则系统零状态响应为

$$y_{zs}(n)=\left[c_1(-1)^n+c_2 2^n-\frac{1}{2}\right]u(n)$$

系统为零状态，所以 $y_{zs}(-1)=0, y_{zs}(-2)=0$，根据差分方程得

$$y_{zs}(0)=u(0)+y_{zs}(-1)+2y_{zs}(-2)=1$$

$$y_{zs}(1)=u(1)+y_{zs}(0)+2y_{zs}(-1)=2$$

由此得

$$c_1+c_2-\frac{1}{2}=1$$

$$-c_1+2c_2-\frac{1}{2}=2$$

联立求解得 $c_1=\frac{1}{6}, c_2=\frac{4}{3}$。所以在 $x(n)=u(n)$激励下，系统的零状态响应为

$$y_{zs}(n)=\left[\frac{1}{6}(-1)^n+\frac{4}{3}2^n-\frac{1}{2}\right]u(n)$$

当系统输入为 $x(n)=2u(n-2)$可以看成是 $u(n)$的倍乘和位移，根据线性移不变系统的特性，系统的输出也是相应的倍乘和位移，即有

$$y_{zs}(n)=\left[\frac{1}{3}(-1)^{n-2}+\frac{8}{3}2^{n-2}-1\right]u(n-2)$$

当系统输入为 $u(n)+2u(n-2)$时，系统的零状态响应为

$$y_{zs}(n)=\left[\frac{1}{6}(-1)^n+\frac{4}{3}2^n-\frac{1}{2}\right]u(n)+\left[\frac{1}{3}(-1)^{n-2}+\frac{8}{3}2^{n-2}-1\right]u(n-2)$$

于是差分方程的全解为

$$y(n)=y_{zi}(n)+y_{zs}(n)$$

$$y_{zi}(n)=(-1)^{n+1}+2^{n+1}+\left[\frac{1}{6}(-1)^n+\frac{4}{3}2^n-\frac{1}{2}\right]u(n)$$

$$+\left[\frac{1}{3}(-1)^{n-2}+\frac{8}{3}2^{n-2}-1\right]u(n-2)$$

2.4 系统的单位冲激响应与单位样值响应

线性时不变系统的单位冲激响应，是指在零初始条件下，系统输入激励为单位冲激函数 $\delta(t)$时，系统的输出响应通常用 $h(t)$表示。

线性移不变离散系统的单位样值响应，是指在零初始条件下，系统输入激励为单位样值序列 $\delta(n)$时，离散系统的输出响应，通常用 $h(n)$表示。

现在讨论单位冲激响应与单位样值响应的求法。

2.4.1 连续系统的单位冲激响应的求解

对于线性时不变连续时间系统，在单位冲激激励下，描述连续时间系统的微分方程具有如下形式：

$$\begin{aligned}&\frac{\mathrm{d}^n h(t)}{\mathrm{d}t^n}+a_{n-1}\frac{\mathrm{d}^{n-1}h(t)}{\mathrm{d}t^{n-1}}+\cdots+a_1\frac{\mathrm{d}h(t)}{\mathrm{d}t}+a_0h(t)\\&=b_m\frac{\mathrm{d}^m\delta(t)}{\mathrm{d}t^m}+b_m\frac{\mathrm{d}^{m-1}\delta(t)}{\mathrm{d}t^{m-1}}+\cdots+b_1\frac{\mathrm{d}\delta(t)}{\mathrm{d}t}+b_0\delta(t)\end{aligned}$$

$h(t)$的形式与 m、n 的相对大小有关。当 $m=n$ 时，$h(t)$中必定含有 $\delta(t)$项，当 $n<m$ 时，$h(t)$中必定含有 $\delta(t)$及其导数项。在 $t>0$ 时，$\delta(t)$及其导数项均为零，所以 $h(t)$具有与微分方程齐次解相同的形式，实际上冲激激励的作用是使零初始条件的系统产生了一定的“初始值”，而系统的响应就是初始值的“零输入”响应。

当 $n>m$ 时，有

$$h(t)=\Big(\sum_{i=1}^{m}c_i\mathrm{e}^{\alpha_i t}+\sum_{j=1}^{p}\sum_{l=1}^{k_j}d_{j,l}t^{k_j-l}\mathrm{e}^{\alpha_j t}\Big)u(t) \tag{2-7}$$

式中，c_i 和 $d_{j,l}$为待定系数，α_i 为特征方程的单阶实根，α_j 为特征方程的 k_j 阶实重根。

当 $n=m$ 时，有

$$h(t)=c\delta(t)+\Big(\sum_{i=1}^{m}c_i\mathrm{e}^{\alpha_i t}+\sum_{j=1}^{p}\sum_{l=1}^{k_j}d_{j,l}t^{k_j-l}\mathrm{e}^{\alpha_j t}\Big)u(t) \tag{2-8}$$

式中，c、c_i 和 $d_{j,l}$为待定系数，α_i 为特征方程的单阶实根，α_j 为特征方程的 k_j 阶实重根。

当 $n<m$ 时，令 $n_0=m-n$，有

$$h(t)=e_{n_0}\frac{\mathrm{d}^{n_0}\delta(t)}{\mathrm{d}t^{n_0}}+e_{n_0-1}\frac{\mathrm{d}^{n_0-1}\delta(t)}{\mathrm{d}t^{n_0-1}}+\cdots+e_1\frac{\mathrm{d}\delta(t)}{\mathrm{d}t}+e_0\delta(t)$$

$$+\left(\sum_{i=1}^{m} c_i e^{\alpha_i t}+\sum_{j=1}^{p}\sum_{l=1}^{k_j} d_{j,l} t^{k_j-l} e^{\alpha_j t}\right)u(t) \tag{2-9}$$

式中，e_{n_0}，e_{n_0-1}，…，e_1，e_0，c_i 和 $d_{j,l}$ 为待定系数，α_i 为特征方程的单阶实根，α_j 为特征方程的 k_j 阶实重根。

例 2-6 已知线性时不变系统的微分方程为

$$\frac{dy(t)}{dt}+5y(t)=2\frac{dx(t)}{dt}$$

求系统的单位冲激响应。

解 令 $x(t)=\delta(t)$，则有

$$\frac{dh(t)}{dt}+5h(t)=2\delta'(t)$$

系统的特征方程为

$$\alpha+5=0$$

求得特征根 $\alpha=-5$，由于微分方程的左边微分阶数与右边微分阶数相等，即 $n=m$，根据式(2-8)得系统单位冲激响应表达式

$$h(t)=c\delta(t)+c_1 e^{-5t}u(t)$$

将上式代入微分方程，有

$$c\delta'(t)-5c_1 e^{-5t}u(t)+c_1 e^{-5t}\delta(t)+5c\delta(t)+5c_1 e^{-5t}u(t)=2\delta'(t)$$

整理后

$$c\delta'(t)+(c_1 e^{-5t}+5c)\delta(t)=2\delta'(t)$$

$$c\delta'(t)+(c_1+5c)\delta(t)=2\delta'(t)$$

上式两边的同类同次项系数相等，有

$$c=2$$

$$c_1+5c=0$$

求得 $c=2$，$c_1=-10$。于是系统的单位冲激响应为

$$h(t)=2\delta(t)-10c_1 e^{-5t}u(t)$$

例 2-7 已知线性时不变系统的微分方程为

$$\frac{dy(t)}{dt}+y(t)=\frac{d^2x(t)}{dt^2}+2\frac{dx(t)}{dt}+2x(t)$$

求系统的单位冲激响应。

解 令 $x(t)=\delta(t)$，则有

$$\frac{dy(t)}{dt}+y(t)=\delta''(t)+2\delta'+2\delta(t)$$

系统的特征方程为

$$\alpha+1=0$$

求得特征根 $\alpha_1=-1$。注意到微分方程的右边微分阶数高于左边微分阶数，所以在系统的单位冲激响应中必定包含 $\delta(t)$ 的微分项，微分的阶数取决于微分方程中输入输出微分项最高阶数的差，即取决于 $m-n$（当 $m>n$ 时）。对于本例，$n_0=m-n=1$，因此在冲激响应中含有 $\delta(t)$ 的一次微分项，即

$$h(t)=c_1\delta'(t)+c_2\delta(t)+c_3e^{-t}u(t)$$

将上式代入微分方程，有

$$c_1\delta''(t)+c_2\delta'(t)+c_3e^{-t}\delta(t)-c_3e^{-t}u(t)+c_1\delta'(t)+c_2\delta(t)+c_3e^{-t}u(t)$$
$$=\delta''(t)+2\delta'+2\delta(t)$$

整理后得

$$c_1\delta''(t)+(c_2+c_1)\delta'(t)+(c_3+c_2)\delta(t)=\delta''(t)+2\delta'(t)+2\delta(t)$$

比较上式中同类同次项的系数得

$$\begin{cases}c_1=1\\c_1+c_2=2\\c_2+c_3=2\end{cases}$$

求得 $c_1=1, c_2=1, c_3=1$。于是系统的单位冲激响应为

$$h(t)=\delta'(t)+\delta(t)+e^{-t}u(t)$$

2.4.2　离散系统的单位样值响应的求解

与求解差分方程的方法一样，离散系统的单位样值响应的求解可以用递推法也可以用经典法，下面举例说明离散系统的单位样值响应的求法。

由于 $\delta(n)$ 或 $\delta(n-n_0)$ 只有一个非零值点，所以通常用递推法比较简单。

例 2-8　已知线性移不变离散系统的差分方程为

$$y(n)-5y(n-1)+6y(n-2)=x(n)-3x(n-2)$$

求系统的单位样值响应。

解　令 $x(n)=\delta(n)$，则有

$$h(n)-5h(n-1)+6h(n-2)=\delta(n)-3\delta(n-2)$$

即

$$h(n)=5h(n-1)-6h(n-2)+\delta(n)-3\delta(n-2)$$

注意到单位样值响应是指系统零初始条件下输入单位样值序列时的响应，即有

$$h(n)=0,\quad n<0$$

所以

$$h(0)=5h(-1)-6h(-2)+\delta(0)-3\delta(-2)=1$$
$$h(1)=5h(0)-6h(-1)+\delta(1)-3\delta(-1)=5$$
$$h(2)=5h(1)-6h(0)-3\delta(0)=5\times5-6-3=16$$
$$h(3)=5h(2)-6h(1)=5\times16-6\times5=50$$

$$h(4)=5h(3)-6h(2)=5\times 50-6\times 16=154$$
$$h(5)=5h(4)-6h(3)=5\times 154-6\times 50=470$$
$$\vdots$$

依此类推,可以求得所有输出值。用递推法求解的好处是简单明了,缺点是难以得到闭式解。

现在介绍离散系统单位样值响应的另一种求法,即将零状态响应转换为零输入响应。离散系统的单位样值响应是系统的零状态响应,但由于系统激励只作用在初始的一定时间内,过后系统激励就变为零。初始时刻的系统激励产生初始值,以后的响应就是初始值引起的零输入响应。仍以例 2-8 离散系统为例,在 $n<0$ 时,有 $h(n)=0$。因为

$$h(n)-5h(n-1)+6h(n-2)=\delta(n)-3\delta(n-2)$$

系统的特征方程为

$$\alpha^2-5\alpha+6=0$$

求得特征根 $\alpha_1=2,\alpha_2=3$。

差分方程中代表激励的右边项由两项 $\delta(n)$和 $3\delta(n-2)$,根据线性系统的特性不妨将系统激励分别作用求解系统响应。当系统激励为 $\delta(n)$时,差分方程为

$$h_1(n)-5h_1(n-1)+6h_1(n-2)=\delta(n)$$

在 $n>0$ 时,输入为零,于是根据差分方程得特征根,可以写出差分方程齐次解

$$h_1(n)=c_1 2^n+c_2 3^n,\quad n>0$$

用递推法可以求得初始值

$$h_1(n)=5h_1(n-1)-6h_1(n-2)-\delta(n)$$
$$h_1(0)=5h_1(-1)-6h_1(-2)-\delta(0)=1$$
$$h_1(1)=5h_1(0)-6h_1(-1)-\delta(1)=5$$
$$h_1(2)=5h_1(1)-6h_1(0)-\delta(2)=5\times 5-6\times 1=19$$

将 $h_1(1)$和 $h_1(2)$值代入齐次解

$$c_1 2^1+c_2 3^1=5$$
$$c_1 2^2+c_2 3^2=19$$

解得 $c_1=-2,c_2=3$,则有

$$h_1(n)=(-2^{n+1}+3^{n+1})u(n-1)$$

考虑到 $h_1(0)=1$,则对 $\delta(n)$激励,系统的响应为

$$h_1(n)=(-2^{n+1}+3^{n+1})u(n)$$

根据系统的线性特性和移不变特性,对 $3\delta(n-2)$激励,系统的响应为

$$h_2(n)=3(-2^{n-1}+3^{n-1})u(n-2)$$

于是系统的单位样值响应为

$$h(n)=h_1(n)-h_2(n)$$

$$=(-2^{n+1}+3^{n+1})u(n)-3(-2^{n-1}+3^{n-1})u(n-2)$$
$$=\delta(n)+5\delta(n-1)+(-2^{n-1}+2\times 3^{n})u(n-2)$$

2.5 卷　积

2.5.1 卷积的计算

为了便于求解线性系统的零状态响应，希望能够将任意复杂信号分解为简单激励信号，求出系统对每个简单激励的响应，而后叠加这些简单激励的响应，从而得到复杂激励信号的响应。

1 连续线性卷积的计算

回顾第 1 章介绍的信号的脉冲分解。对于任意连续时间信号 $x(t)$ 可以用直线来近似表示，如图 2-1 所示。在 $k\Delta t<t<(k+1)\Delta t$ 区间内，信号 $x(t)$ 可以近似地表示为

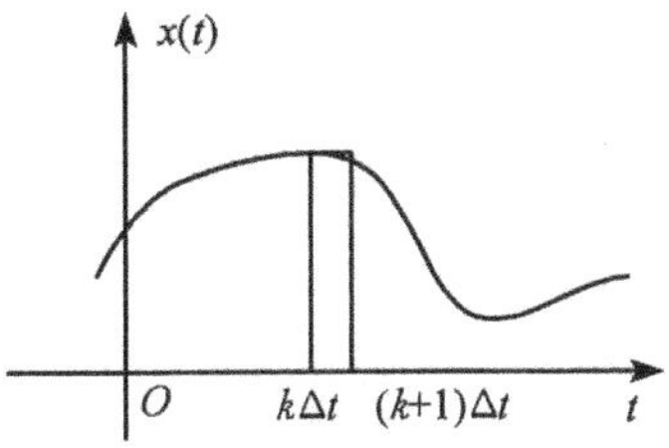

图 2-1　信号的逼近

$$x(t)\approx x(k\Delta t)\{u(t-k\Delta t)-u[t-(k+1)\Delta t]\}$$
$$=x(k\Delta t)\Delta t\frac{u(t-k\Delta t)-u[t-(k+1)\Delta t]}{\Delta t}$$

将各区段上信号的近似表达式叠加起来就得到整个时间轴上信号的近似表达式，即

$$x(t)\approx\sum_{k=-\infty}^{\infty}x(k\Delta t)\Delta t\frac{u(t-k\Delta t)-u[t-(k+1)\Delta t]}{\Delta t}$$

当 $\Delta t\to 0$ 时，上式就趋于精确相等，即

$$x(t)=\lim_{\Delta t\to 0}\sum_{k=-\infty}^{\infty}x(k\Delta t)\Delta t\frac{u(t-k\Delta t)-u[t-(k+1)\Delta t]}{\Delta t}$$

根据极限的运算规则，上式可以写成

$$x(t)=\lim_{\Delta t\to 0}\sum_{k=-\infty}^{\infty}x(k\Delta t)\Delta t\lim_{\Delta t\to 0}\left\{\frac{u(t-k\Delta t)-u[t-(k+1)\Delta t]}{\Delta t}\right\}$$

注意当 Δt 趋于零时，$k\Delta t\to\tau$，$\Delta t\to d\tau$，则有

$$\lim_{\Delta t\to 0}\left\{\frac{u(t-k\Delta t)-u[t-(k+1)\Delta t]}{\Delta t}\right\}=\delta(t-\tau)$$

于是

$$x(t)=\lim_{\Delta t\to 0}\sum_{k=-\infty}^{\infty}x(k\Delta t)\Delta t\delta(t-\tau)\tag{2-10}$$

式(2-10)表明，任意信号 $x(t)$ 可以分解为无数个 $x(k\Delta t)\Delta t\delta(t-\tau)$ 的叠加，然后令

$\Delta t \to 0$。

对于一个线性时不变系统，如果它的单位冲激响应为 $h(t)$，根据系统的线性特性和时不变特性可知，对于激励 $x(k\Delta t)\Delta t\delta(t-\tau)$ 系统的响应为 $x(k\Delta t)\Delta t h(t-\tau)$。根据线性系统的线性特性，结合式(2-10)结果可知，对任意信号 $x(t)$ 的输入，线性时不变系统的响应为

$$y(t) = \lim_{\Delta t \to 0} \sum_{k=-\infty}^{\infty} x(k\Delta t)\Delta t h(t-\tau) \tag{2-11}$$

因为当 $\Delta t \to 0$ 时，离散变量趋于连续变量：$k\Delta t \to \tau$，增量趋于微量：$\Delta t \to \mathrm{d}\tau$，求和趋于积分 $\sum\limits_{k=-\infty}^{\infty} \to \int_{-\infty}^{\infty}$，所以有

$$y(t) = \int_{-\infty}^{\infty} x(\tau)h(t-\tau)\mathrm{d}\tau \tag{2-12}$$

式(2-12)积分计算公式具有重要意义，称为函数 $x(t)$ 与 $h(t)$ 的线性卷积积分，通常简称为卷积。卷积是一种运算关系，如同算术中的加、减、乘、除一样，我们用符号“ * ”表示这种运算，即式(2-12)可以写成

$$y(t) = x(t) * h(t) \tag{2-13}$$

式(2-12)表明，线性时不变系统对任意激励的零状态响应等于系统的单位冲激响应与输入激励的卷积，也就是说系统的单位冲激响应反映了线性时不变系统的全部特性，从系统单位冲激响应的求解过程也可以看出，系统的参数和结构(即齐次微分方程)决定了系统的单位冲激响应。

现在举例说明连续线性卷积的计算方法。

例 2-9 已知

$$x_1(t) = (1+t)[u(t) - u(t-1)]$$
$$x_2(t) = u(t-1) - u(t-2)$$

求卷积

$$x_3(t) = x_1(t) * x_2(t)$$

解 根据定义有

$$x_3(t) = \int_{-\infty}^{\infty} x_1(\tau)x_2(t-\tau)\mathrm{d}\tau$$

卷积的计算通常按以下步骤进行：

(1) 画出卷积函数 $x_1(\tau)$ 和 $x_2(\tau)$ 的草图，如图 2-2 所示。

(2) 画出 $x_2(-\tau)$ 的草图，如图 2-3 所示。

(3) 画出 $x_2(t-\tau)$ 的草图，$x_2(t-\tau)$ 的图形可以由 $x_2(-\tau)$ 得到，具体可以这样做，将 $x_2(-\tau)$ 图中的坐标原点设定为 t，即以 $\tau=t$ 的位置为新坐标的原点，这个新坐标对应的图形就是 $x_2(t-\tau)$，如图 2-3 所示。

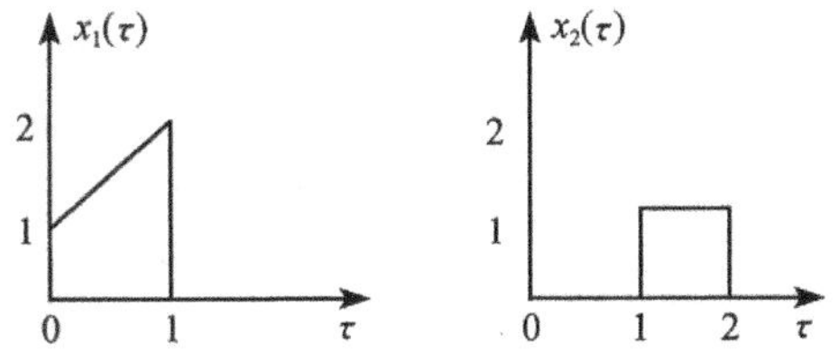

图 2-2　卷积函数草图

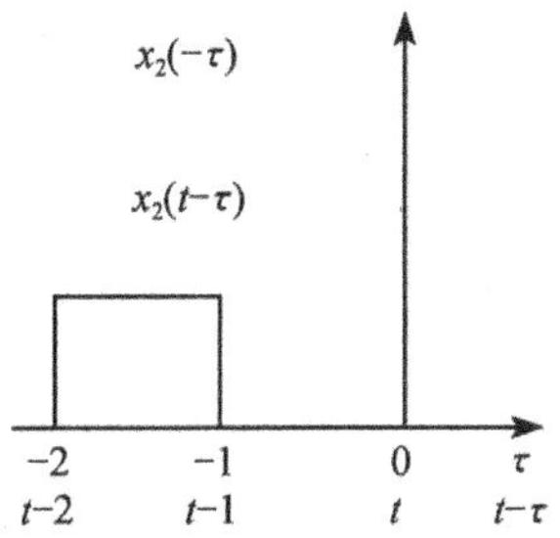

图 2-3　$x_2(-\tau)$的草图

(4) 观察 t 从$-\infty$到$+\infty$变化时,$x_1(\tau)$与 $x_2(t-\tau)$的非零值交点的区域,在非零值交点的区域求 $x_1(\tau)$与 $x_2(t-\tau)$乘积的定积分。就本例而言,当 $t-1<0$ 时,$x_1(\tau)$与 $x_2(t-\tau)$没有非零值交点,所以卷积积分为零,即

$$x_3(t)=0,\quad t<1$$

当 $t-1\geqslant 0$,并且 $t-2<0$ 时,即当 $1\leqslant t\leqslant 2$ 时,$x_1(\tau)$与 $x_2(t-\tau)$在$[0,t-1]$区间上有非零值交点如图 2-4 所示,于是

$$\begin{aligned}x_3(t)&=\int_0^{t-1}x_1(\tau)x_2(t-\tau)\mathrm{d}\tau\\&=\int_0^{t-1}(1+\tau)\mathrm{d}\tau=\frac{1}{2}t^2-\frac{1}{2}\end{aligned}$$

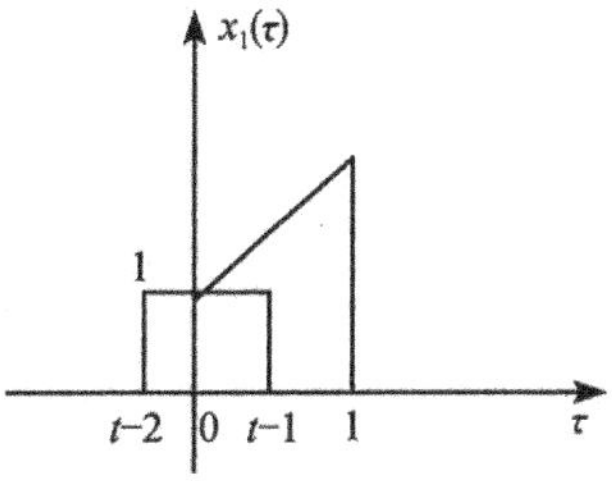

图 2-4　$x_1(\tau)$与 $x_2(t-\tau)$的非零值交点的区域

当 $t-1>1$,并且 $t-2\leqslant 1$ 时,即当 $2<t\leqslant 3$ 时,$x_1(\tau)$与 $x_2(t-\tau)$在$[t-2,1]$区间上有非零值交点,如图 2-5 所示。所以有

$$\begin{aligned}x_3(t)&=\int_{t-2}^{1}x_1(\tau)x_2(t-\tau)\mathrm{d}\tau\\&=\int_{t-2}^{1}(1+\tau)\mathrm{d}\tau\\&=-\frac{1}{2}t^2+t+\frac{3}{2},\quad 2<t\leqslant 3\end{aligned}$$

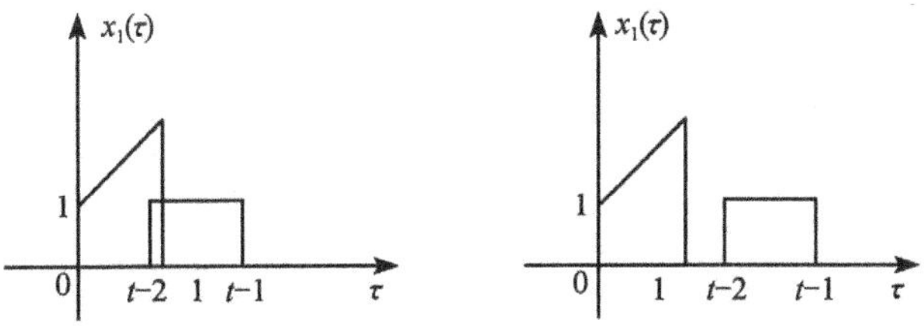

图 2-5　$x_1(\tau)$与 $x_2(t-\tau)$的非零值交点

当 $t-2>1$ 时，即 $t>3$ 时，$x_1(\tau)$与 $x_2(t-\tau)$没有非零值交点，所以卷积为零，即

$$x_3(t)=0$$

综上分析的卷积

$$x_3(t)=\begin{cases}0, & t<1\\ \frac{1}{2}t^2-\frac{1}{2}, & 1\leqslant t\leqslant 2\\ -\frac{1}{2}t^2+t+\frac{3}{2}, & 2<t\leqslant 3\\ 0, & t>3\end{cases}$$

2. 离散线性卷积的计算

对于任意离散信号 $x(n)$可以表示为单位样值序列的加权和，即

$$x(n)=\sum_{k=-\infty}^{\infty}x(k)\delta(n-k) \tag{2-14}$$

对于一个线性移不变系统，如果已知它的单位样值响应为 $h(n)$，则对于输入 $x(k)\delta(n-k)$，系统的响应为 $x(k)h(n-k)$。式(2-14)表明任意输入信号可以看成无穷多个 $x(k)h(n-k)$的叠加，根据线性移不变系统的线性特性和移不变特性，系统的输出响应等于分量响应 $x(k)h(n-k)$的叠加，即

$$y(n)=\sum_{k=-\infty}^{\infty}x(k)\delta(n-k) \tag{2-15}$$

式(2-15)与连续系统中的卷积积分相似，我们称之为离散线性卷积(discrete linear convolution)，在不引起混淆的情况下，简称为卷积。式(2-15)的意义在于，一个线性移不变离散系统，当已知其单位样值响应时，系统对任意激励的零状态响应等于激励与系统单位样值响应的卷积。

离散线性卷积也是一种运算，通常也用符号“ * ”表示，即式(2-15)可以表示为

$$y(n)=x(n)*h(n)$$

现在举例说明离散线性卷积的计算。

例 2-10 已知线性移不变系统的单位样值响应为

$$h(n)=a^n u(n)$$

求系统对 $x(n)=u(n)-u(n-N)$的响应。

解 根据题意即求

$$\begin{aligned}y(n)&=x(n)*h(n)\\&=\sum_{k=-\infty}^{\infty}x(k)h(n-k)\end{aligned}$$

离散线性卷积的算法步骤与连续线性卷积的算法步骤基本一致，即

(1) 画出卷积函数 $x(k)$和 $h(k)$的草图，如图 2-6 所示。

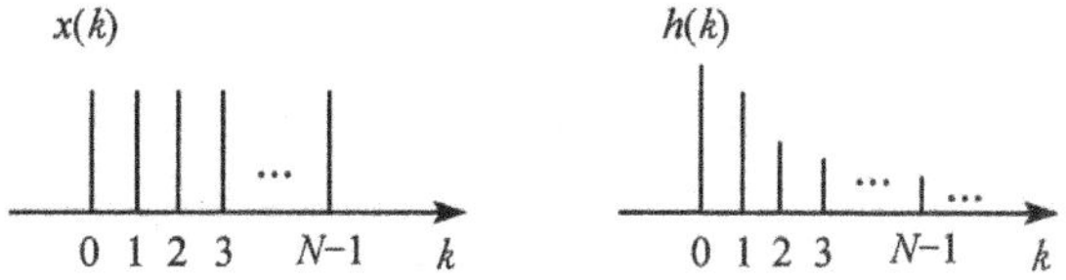

图 2-6　$x(k)$和 $h(k)$的草图

(2) 画出 $h(-k)$的草图，如图 2-7 所示。

(3) 画出 $h(n-k)$的草图，$h(n-k)$的图形可以由 $h(-k)$得到，具体可以这样做，将 $h(-k)$图中的坐标原点设定为 $k=n$ 的位置，这样新坐标对应的就是 $h(n-k)$，如图 2-7 所示。

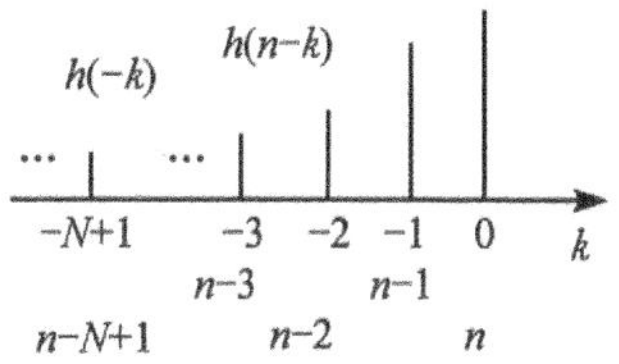

图 2-7　$h(-k)$与 $h(n-k)$的草图

(4) 观察 n 从 $-\infty$ 到 $+\infty$ 变化时，$x(k)$与 $h(n-k)$的非零值交点的区域，在非零值交点的区域求 $x(k)$与 $h(n-k)$乘积的和。

就本例而言，当 $n<0$ 时，$x(k)$与 $h(n-k)$没有非零值交点，所以卷积和为零，即

$$y(n)=0,\quad n<0$$

当 $0\leqslant n\leqslant N-1$ 时，$x(k)$与 $h(n-k)$在$[0,n]$区域上有非零值交点，所以

$$\begin{aligned}y(n)&=\sum_{k=0}^{n}x(k)h(n-k)\\&=\sum_{k=0}^{n}a^{n-k}=a^{n}\sum_{k=0}^{n}a^{-k}=a^{n}\frac{1-a^{-(n+1)}}{1-a^{-1}}\end{aligned}$$

当 $n\geqslant N$ 时，$x(k)$与 $h(n-k)$在$[0,N-1]$区域上有非零值交点，所以

$$y(n)=\sum_{k=0}^{N-1}a^{n-k}=a^{n}\frac{1-a^{N}}{1-a^{-1}}$$

$$y(n)=\begin{cases}0, & n<0\\ a^{n}\dfrac{1-a^{-(n+1)}}{1-a^{-1}}, & 0\leqslant n\leqslant N-1\\ a^{n}\dfrac{1-a^{N}}{1-a^{-1}}, & n\geqslant N\end{cases}$$

2.5.2　卷积的性质

1. 卷积的代数

卷积作为一种运算，它也遵守某些代数运算规则。

(1) 交换律

$$y(t)=x(t)*h(t)=h(t)*x(t) \tag{2-16}$$

$$y(n)=x(n)*h(n)=h(n)*x(n) \tag{2-17}$$

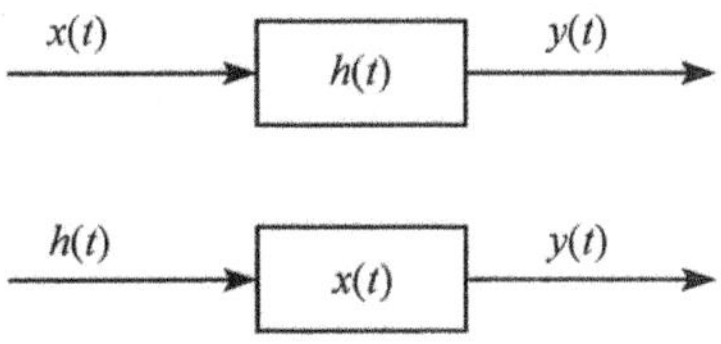

图 2-8　卷积的交换律

卷积的交换律可以这样来理解，一个单位冲激(样值)响应为 $h(t)$(或 $h(n)$)的线性时不变系统对 $x(t)$(或 $x(n)$)输入的响应 $y(t)$(或 $y(n)$)等于以 $x(t)$(或 $x(n)$)为单位冲激(样值)响应的线性时不变系统对 $h(t)$(或 $h(n)$)输入的响应，如图 2-8 所示。

(2) 分配律

$$y(t)=x(t)*[h_1(t)+h_2(t)]=x(t)*h_1(t)+x(t)*h_2(t) \tag{2-18}$$

$$y(n)=x(n)*[h_1(n)+h_2(n)]=x(n)*h_1(n)+x(n)*h_2(n) \tag{2-19}$$

卷积的分配律可以这样来理解，两个并联的子系统的等效单位冲激(样值)响应为两个并联子系统的单位冲激(样值)响应的和，如图 2-9 所示。

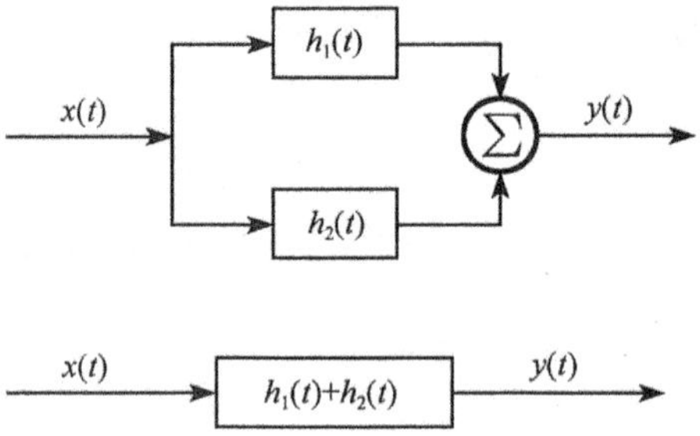

图 2-9　卷积的分配律

(3) 结合律

$$y(t)=[x(t)*h_1(t)]*h_2(t)=x(t)*[h_1(t)*h_2(t)] \tag{2-20}$$

$$y(n)=[x(n)*h_1(n)]*h_2(n)=x(n)*[h_1(n)*h_2(n)] \tag{2-21}$$

卷积的结合律可以这样来理解，子系统的级联在总效果上与子系统的级联顺序无关，而整个系统的单位冲激(样值)响应为级联子系统单位冲激(样值)响应的卷积，如图 2-10 所示。

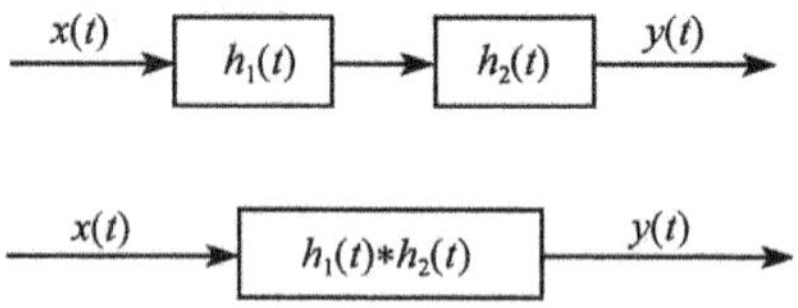

图 2-10　卷积的结合律

2. 卷积的微分和积分特性

(1) 两个函数相卷积后的导数等于其中一个函数的导数与另一个函数的卷

积，即

$$\frac{\mathrm{d}}{\mathrm{d}t}[x_1(t)*x_2(t)]=x_1(t)*\frac{\mathrm{d}x_2(t)}{\mathrm{d}t}=x_2(t)*\frac{\mathrm{d}x_1(t)}{\mathrm{d}t} \tag{2-22}$$

（2）两个函数相卷积后得积分等于其中一个函数的积分与另一个函数的卷积，即

$$\int_{-\infty}^{t}[x_1(\lambda)*x_2(\lambda)]\mathrm{d}\lambda=x_1(t)*\int_{-\infty}^{t}x_2(\lambda)\mathrm{d}\lambda=x_2(t)*\int_{-\infty}^{t}x_1(\lambda)\mathrm{d}\lambda \tag{2-23}$$

（3）任意函数 $x(t)$ 与单位冲激函数 $\delta(t)$ 的卷积就等于该函数本身，即

$$\begin{aligned}x(t)*\delta(t)&=\int_{-\infty}^{\infty}x(\tau)\delta(t-\tau)\mathrm{d}\tau\\&=\int_{t^-}^{t^+}x(\tau)\delta(t-\tau)\mathrm{d}\tau=x(t)\end{aligned}$$

所以

$$x(t)*\delta(t)=x(t) \tag{2-24}$$

同理有

$$x(t)*\delta(t-t_1)=x(t-t_1) \tag{2-25}$$

还有

$$x(t-t_2)*\delta(t-t_1)=x[t-(t_1+t_2)] \tag{2-26}$$

卷积的上述性质说明，任意函数与冲激函数的卷积就等于将该函数的坐标零点平移到冲激函数的非零值处，如图 2-11 所示。

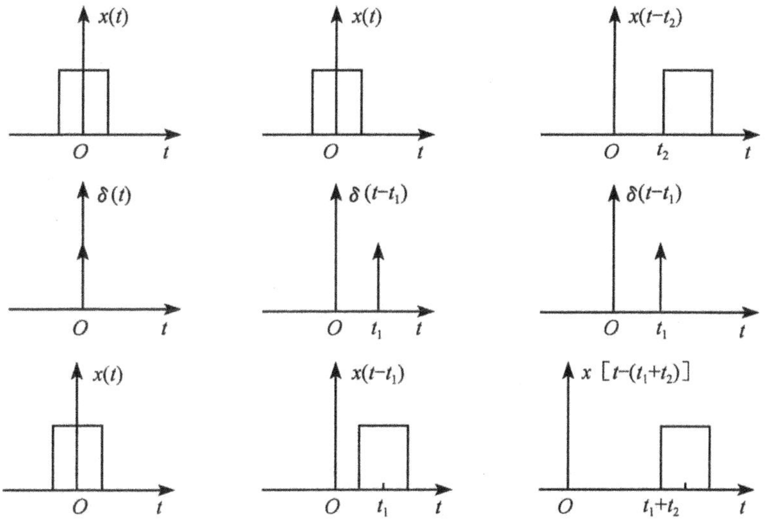

图 2-11　任意函数与冲激函数的卷积

利用卷积的微分和积分特性，还可以得到如下关系：

(1) 任意函数与冲激偶的卷积

$$x(t) * \delta'(t) = x'(t) \tag{2-27}$$

(2) 任意函数与阶跃函数的卷积

$$x(t) * u(t) = \int_{-\infty}^{t} x(\lambda) \mathrm{d}\lambda \tag{2-28}$$

习　题

2-1 已知系统的微分方程为

$$\frac{\mathrm{d}^2 y(t)}{\mathrm{d}t^2} + 3\frac{\mathrm{d}y(t)}{\mathrm{d}t} + 2y(t) = \mathrm{e}^{-3t}$$

且初始条件为 $y'(0)=1$ 和 $y(0)=2$。求系统的自由分量和强制分量。

2-2 求下列信号对的卷积 $y(n)=x(n)*h(n)$：

(1) $x(n)=\alpha^n u(n), h(n)=\beta^n u(n), \alpha \neq \beta$。

(2) $x(n)=2^n u(-n), h(n)=u(n)$。

(3) $x(n)=u(n)-u(n-N), h(n)=\begin{cases} 2^{-n}, & n \geqslant 0 \\ 4^n, & n<0 \end{cases}$，$N$ 为常数。

(4) $x(n)$ 如题图 2-1 所示，$h(n)=u(-n)-u(N-n)$，N 为常数。

(5) $x(n)$ 和 $h(n)$ 如题图 2-2 所示。

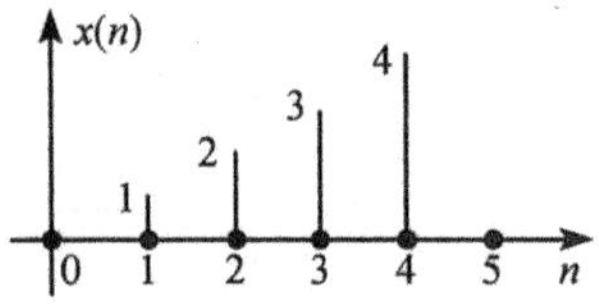

题图 2-1

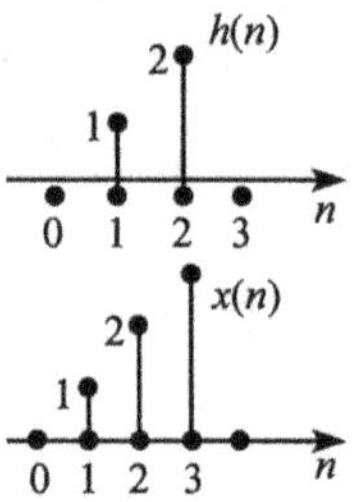

题图 2-2

2-3 已知一个线性系统的对激励 $\delta(t-\tau)$ 的零状态响应为 $h_\tau(t)=u(t-\tau)-u(t-2\tau)$，$\tau$ 为常数。

(1) 该系统是否为时不变系统？

(2) 该系统是否为因果系统？

(3) 求系统对激励 $x(t)=\mathrm{e}^{-t}u(t)$ 的零状态响应 $y(t)$。

2-4 已知一个线性时不变系统的输入输出关系如下：

$$y(t) = \int_{-\infty}^{t} \mathrm{e}^{-(t-\tau)} x(\tau-2) \mathrm{d}\tau$$

(1) 求系统的单位冲激响应 $h(t)$。

(2) 系统输入如题图 2-3 所示，求系统输出。

(3) 求连接成题图 2-4 所示结构系统的单位冲激响应。

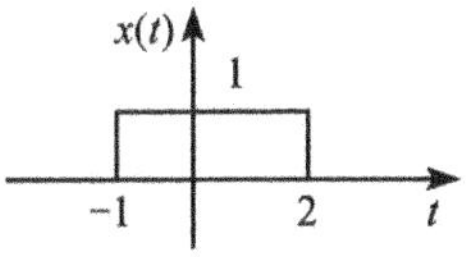

题图 2-3

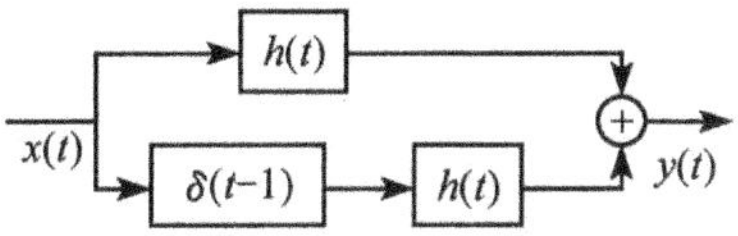

题图 2-4

2-5 如题图 2-5 所示的复合离散系统由两个线性移不变子系统级联组成，已知

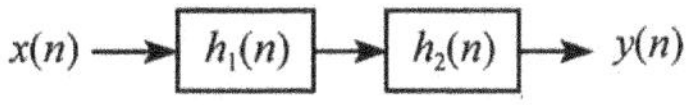

题图 2-5

$$h_1(n) = 2\cos\left(\frac{n\pi}{4}\right)$$

$$h_2(n) = a^n u(n), \quad |a| < 1$$

求系统的单位样值响应 $h_3(n)$。

2-6 证明以下表述是正确的：

(1) $x(n) * [h(n) * g(n)] = [x(n) * h(n)] * g(n)$。

(2) $[a^n x(n)] * [a^n h(n)] = a^n [x(n) * h(n)]$。

(3) 如果 $y(t) = x(t) * h(t)$，则有 $y(2t) = 2x(2t) * h(2t)$。

(4) 如果 $x(t)$和 $h(t)$是奇对称的，则 $y(t) = x(t) * h(t)$是偶对称的。

(5) 如果 $x(t) = 0, |t| > T_1$ 和 $h(t) = 0, |t| > T_2$，则总存在一个正数 T，使得下式成立：

$$y(t) = x(t) * h(t), |t| > T$$

2-7 根据给定初始条件，求解下列齐次差分方程：

(1) $y(n) + \frac{3}{4} y(n-1) + \frac{1}{8} y(n-2) = 0; y(0) = 1, y(-1) = -6$。

(2) $y(n) - 2y(n-1) + y(n-2) = 0; y(0) = 1, y(1) = 0$。

(3) $y(n) - \frac{\sqrt{2}}{2} y(n-1) + \frac{1}{4} y(n-2) = 0; y(0) = 0, y(-1) = 1$。

2-8 一个线性时不变系统，由以下微分方程描述：

$$\frac{d^2 y(t)}{dt^2} + \frac{dy(t)}{dt} - 2y(t) = x(t)$$

(1) 求系统的单位冲激响应 $h(t)$。

(2) 当系统输入为单位阶跃函数时，求系统的零状态响应。

(3) 当系统输入为 $x(t) = e^{-2t} u(t)$时，求系统系统的零状态响应。

2-9 讨论一个输入为 $x(n)$和输出为 $y(n)$的任意线性系统。证明如果对于所有 $n, x(n) = 0$，则对于所有 $n, y(n)$必然为零。

第3章 傅里叶变换

3.1 概 述

信号处理理论中最基本的内容是信号分析。对于一件复杂的事情，人们总是从简单的一步开始做起，富丽堂皇的高楼大厦，是人们一块砖一块砖垒起来的。为了简化问题的求解，人们往往也使用“变换分析”这种技巧。说起“变换”大家可能会感到陌生，其实我们在中学时已经运用了“变换分析”技巧。大家一定还记得对数运算，它实际上也是一种数学变换。我们知道两个数的乘积的对数等于两个数的对数和，两个数的商的对数等于这两个数的对数差，利用对数这个运算规则我们可以将数的乘积运算转换（变换）为数的加法运算，可以将数的除法运算转换（变换）为数的减法运算。可见“变换分析”给我们解决问题带来了方便，傅里叶变换就是我们分析问题和解决问题极为有用的数学工具。

线性时不变系统的卷积分析实际上是基于将输入信号分解为一组加权延时的单位冲激（或样值）激励的线性组合。本章将讨论信号和系统的另一种表示，其基本观点还是将信号分解为一组简单函数的线性组合，但是这里用的简单函数不是单位冲激（或样值）而是三角函数（或复指数函数）。

用“三角函数和”表示信号的想法至少可以追溯到古代巴比伦时代，当时他们利用这一想法来预测天体运动。这一问题的近代研究始于1748年，欧拉在振动弦的研究中发现：**如果在某一时刻振动弦的形状是标准振动（谐波）模的线性组合，那么在其后任何时刻，振动弦的形状也是这些振动模的线性组合。**另外，欧拉还证明了在该线性组合中，其后的加权系数可以直接从前面时间的加权系数中导出。欧拉的研究成果表明了：如果一个线性时不变系统输入可以表示为周期复指数或正弦信号的线性组合，则输出也一定能表示成这种形式。

现在大家已经认识到，很多有用的信号都能用复指数函数的线性组合来表示，但是在18世纪中期，这一观点还进行着激烈的争论。1753年伯努利（D. Bernoulli）曾声称：一根弦的实际运动都可以用标准（谐波）振荡模的线性组合来表示。而以拉格朗日（J. L. Lagrange）为代表的学者强烈反对使用三角级数来研究振动弦运动的主张，他反对的论据就是基于他自己的信念，即不可能用三角级数来表示一个具有间断点的函数。

说起傅里叶，多少具有一些传奇色彩。傅里叶于1768年生于法国的奥塞尔，他是他父亲的第十二个孩子，他母亲的第九个孩子。在他九岁的时候，他的母亲去世了，随后的一年他的父亲也去世了，尽管他的两个年幼的兄妹被遗弃到了育婴堂（可见他生活的艰辛），但他一直未中断在学校的学习。1780年他进入了奥塞尔皇家军事学院，13岁的傅里叶在那儿迷上了数学，他常在夜间偷偷地到教室，在烛光下刻苦学习。

傅里叶在学术上的成就赢得了当地主教的青睐，傅里叶毕业后就进入了教会。就在他宣誓就任神职前，法国的大革命爆发了。傅里叶同大多数人一样，投身于建立“一个不受国王和教士操纵的自由政府”的事业，1793年他加入了奥塞尔的革命委员会。在罗伯斯庇尔政府倒台后，傅里叶曾两次被捕，险些被送上断头台。

傅里叶在拿破仑时代被任命为伊泽尔河部的地方长官，从政14年。尽管傅里叶担任着行政长官职务，但他从未放弃对科学和数学研究的兴趣，在这期间他构思了三角级数的想法，这为他从行政职务中退出后的科学研究工作奠定了基础。1807年傅里叶完成了一项研究工作，他发现表示一个物体温度分布时，成谐波关系的正弦函数级数是非常有用的。他断言：“任何”周期信号都能用这样的级数来表示。尽管傅里叶本人对傅里叶级数的数学理论没有做出多大的贡献，但正是因为傅里叶洞察到三角级数的潜在威力，并且在很大程度上由于他的工作和断言，才激励和推动了傅里叶级数问题的深入研究。此外，傅里叶还指出了非周期信号的表示不是成谐波关系的正弦信号的加权和，而是不全成谐波关系正弦信号的加权积分，他的这一观点比他的任何先驱者都大大地进了一步。遗憾的是由于拉格朗日的反对，傅里叶的这一研究论文从未公开发表过，直到1829年（晚了15年）傅里叶才把他的研究成果发表在《热的分析理论》一书中。

尽管傅里叶分析起源于傅里叶之前，并且在傅里叶之后也有许多科学家对其理论进行了完善和发展，但毫无疑问的是傅里叶本人作为这个分析理论的逻辑起点是无可非议的。傅里叶对数学、科学和我们的日常生活做出的不可估量的影响是有口皆碑的，然而他的伟大贡献在他生前并没得到充分的肯定。

傅里叶分析是数学分析中的重要内容，这里引用傅里叶对“数学分析”作出的论述：

“数学分析……规定了所有可发现的关系，测量了时间、空间、力和温度。这一高深难懂的科学发展得非常缓慢，但一旦它得到发展，便不会被遗弃……

分析将最不相关的现象连接在一起并发现结合它们的隐藏着的相似关系。如果物质如同空气和光一样细微，我们无法抓取；如巨大太空中的物体离我们遥远；如果人类想满足了解被几个世纪时光隔断了的天堂情况的愿望；如果产生于地层深处的重力和温度发生了作用而我们又永远不能到那个地方，那么数学分析能抓到掌握这些现象的法则，数学分析能使得人类犹如自身具有的能力一样将这些现象变得现实并加以测量，对人类短促的生命和我们不完善的感知加以补充……”

3.2 信号的傅里叶变换

本章要讲述的是信号的傅里叶变换，所谓傅里叶变换有以下积分定义

$$F(\Omega)=\mathscr{F}[f(t)]=\int_{-\infty}^{\infty} f(t)\mathrm{e}^{-\mathrm{j}\Omega t}\mathrm{d}t \tag{3-1}$$

$$f(t)=\mathscr{F}^{-1}[F(\Omega)]=\frac{1}{2\pi}\int_{-\infty}^{\infty} F(\Omega)\mathrm{e}^{\mathrm{j}\Omega t}\mathrm{d}\Omega \tag{3-2}$$

通常称式(3-1)为傅里叶正变换公式，式(3-2)为傅里叶反变换公式。式中，Ω 为模拟角频率，它与实际频率有如下关系：$\Omega=2\pi f$，于是傅里叶变换也可以写成

$$F(f)=\mathscr{F}[f(t)]=\int_{-\infty}^{\infty} f(t)\mathrm{e}^{-\mathrm{j}2\pi ft}\mathrm{d}t \tag{3-3}$$

$$f(t)=\mathscr{F}^{-1}[F(f)]=\int_{-\infty}^{\infty} F(f)\mathrm{e}^{\mathrm{j}2\pi t}\mathrm{d}f \tag{3-4}$$

$F(\Omega)$通常为复函数，可以写成

$$F(\Omega)=|F(\Omega)|\mathrm{e}^{\mathrm{j}\varphi(\Omega)} \tag{3-5}$$

式中，$|F(\Omega)|$是 $F(\Omega)$的**幅度函数**，它表示信号中各频率下的谱密度的相对大小；$\varphi(\Omega)$是 $F(\Omega)$的**相位函数**，它表示了信号中各频率成分的相位关系。在工程技术中通常也称$|F(\Omega)|$为**幅度频谱**，$\varphi(\Omega)$为**相位频谱**，它们都是频率 Ω 的连续函数。

应该指出并非所有信号函数都能用式(3-1)或式(3-3)进行傅里叶变换的。一般来讲，信号函数满足绝对可积条件，即

$$\int_{-\infty}^{\infty}|f(t)|\mathrm{d}t<\infty \tag{3-6}$$

则信号可以用式(3-1)或式(3-3)进行傅里叶变换。然而式(3-6)表示的仅仅是信号函数进行傅里叶变换的充分条件，并不是必要条件。在引入广义函数后，有些不满足式(3-6)的信号函数也可以进行傅里叶变换。

在第 1 章中我们已经介绍了周期函数可以展开为傅里叶级数，现在研究傅里叶变换与傅里叶级数的关系。

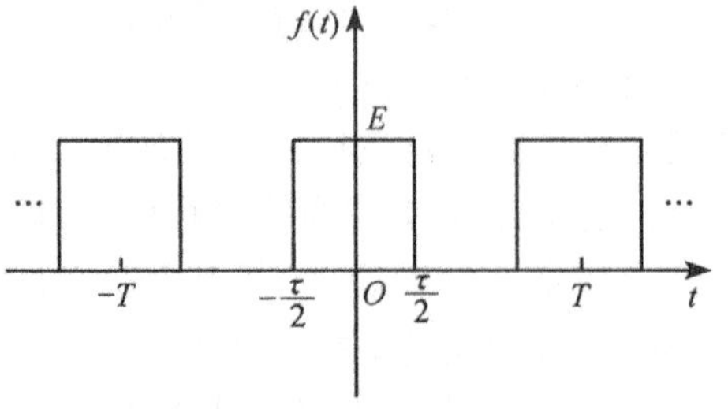

图 3-1 周期脉冲函数

设有周期性矩形脉冲信号 $f(t)$，在主值区间内有

$$f(t)=\begin{cases}E, & |t|<\dfrac{\tau}{2}\\[2mm] 0, & \tau<|t|<\dfrac{T}{2}\end{cases} \tag{3-7}$$

脉冲宽度为 τ，幅度为 E，重复周期为 T，如图 3-1 所示。

这个周期性脉冲函数可以展开成傅

里叶级数

$$f(t) = \sum_{n=-\infty}^{\infty} F_n \mathrm{e}^{\mathrm{j}n(2\pi/T)t} \tag{3-8}$$

式中，傅里叶系数 F_n 为

$$F_n = \frac{1}{T}\int_{-\frac{T}{2}}^{\frac{T}{2}} x(t)\mathrm{e}^{-\mathrm{j}n(2\pi/T)t}\mathrm{d}t = \frac{2E}{T}\frac{\sin\dfrac{n(2\pi/T)\tau}{2}}{n(2\pi/T)}$$

令 $\Omega_0=2\pi/T$，通常称为基波角频率，则上式可以简化为

$$F_n = \frac{E\tau}{T}\frac{\sin\dfrac{n\Omega_0\tau}{2}}{\dfrac{n\Omega_0\tau}{2}} = \frac{E\tau}{T}\mathrm{Sa}\left(\frac{n\Omega_0\tau}{2}\right) \tag{3-9}$$

式中，$\mathrm{Sa}(t)$为我们在第 1 章中介绍的抽样信号，显然 F_n 是 $n\Omega_0$ 的“函数”，只不过这里的频率变量取基波角频率的整倍数，可以理解为在离散频率上定义的频域信号，如图 3-2 所示。

由以上分析可知，当周期信号的周期变大(趋于非周期)时，基波角频率 Ω_0 就越小，如图 3-2 所示例子中离散谱线的密度增大，同时谱线的高度也趋于零。如果用周期 T 乘以式(3-9)表示的傅里叶系数，并令周期 T 趋于无穷大(这时函数为非周期的)，谱线间隔(基波角频率)Ω_0 也趋于零，于是图 3-2 中的谱线密度无限加密，$n\Omega_0$ 趋于连续 Ω，离散频谱趋于谱线的包络线，即有

$$F(\Omega) = \lim_{T\to\infty} TF_n = \lim_{\Omega_0\to 0} E\tau\mathrm{Sa}\left(\frac{n\Omega_0\tau}{2}\right) = E\tau\mathrm{Sa}\left(\frac{\Omega\tau}{2}\right) \tag{3-10}$$

式(3-10)就是矩形脉冲信号的傅里叶变换。现在我们按式(3-1)对图 3-1 所示周期信号中的主值区间信号(矩形脉冲信号)进行傅里叶变换，因主值区间信号为

$$f(t) = \begin{cases} E, & |t| < \dfrac{\tau}{2} \\ 0, & |t| > \dfrac{\tau}{2} \end{cases} \tag{3-11}$$

其傅里叶变换为

$$\begin{aligned} F(\Omega) &= \int_{-\infty}^{\infty} f(t)\mathrm{e}^{-\mathrm{j}\Omega t}\mathrm{d}t \\ &= \int_{-\frac{\tau}{2}}^{\frac{\tau}{2}} E\mathrm{e}^{-\mathrm{j}\Omega t}\mathrm{d}t = \frac{2E}{\Omega}\sin\left(\frac{\Omega\tau}{2}\right) = E\tau\frac{\sin\left(\dfrac{\Omega\tau}{2}\right)}{\dfrac{\Omega\tau}{2}} = E\tau\mathrm{Sa}\left(\frac{\Omega\tau}{2}\right) \end{aligned}$$

上式结果与式(3-10)结果完全一致。比较式(3-9)，可以看出傅里叶变换与傅里叶系数有如下关系

$$F(\Omega) = TF_n$$

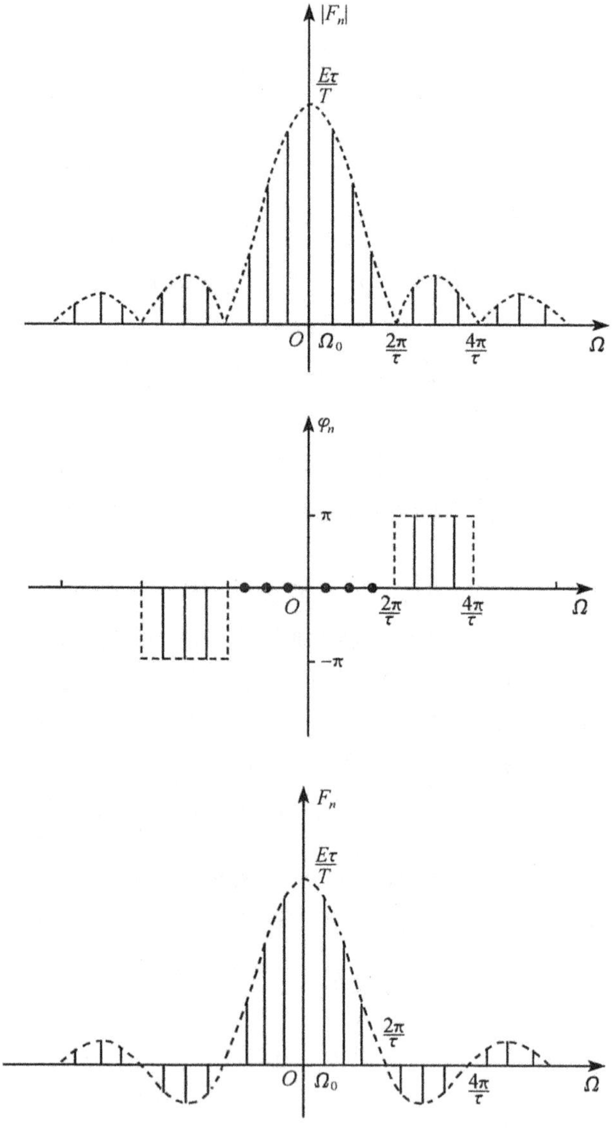

图 3-2 周期脉冲函数的频谱

以上分析表明:傅里叶变换表示的是傅里叶系数乘以周期 T 后的包络线,而傅里叶系数就是在此包络线上等间隔取得的样本。此外,当 τ 一定,则包络线 TF_n 与周期 T 无关。另外一种解释是,当周期信号的周期 T 趋于无穷大时,周期信号就变成非周期信号(周期为无穷大),原周期信号的傅里叶系数(频谱分量)的幅值变成无穷小(趋于零),而谱线密度无限加密,以至于连续,在乘以周期 T(无穷大值)后,就变成傅里叶变换,因此傅里叶变换反映的是信号频谱的"相对"大小。

上述例子说明了对非周期信号建立傅里叶表示的基本思想。这就是在建立非周期信号的傅里叶变换时，可以把非周期信号当作一个周期为无穷大的“周期”信号，并且将这个“周期”信号用傅里叶级数来表示。当这个“周期”信号的傅里叶系数乘以周期时，傅里叶系数就是非周期信号的傅里叶变换。

傅里叶级数和傅里叶变换都是把信号表示为一组复指数信号的线性组合。对于周期信号(用的是傅里叶级数)，这些复指数信号的幅度为$|F_n|$，在成谐波关系的一组离散点上$n\Omega_0, n=0, n=\pm1, n=\pm2, \cdots$上出现，对于非周期信号(用的是傅里叶变换)，这些复指数出现在连续的频率上，其“幅值”为一个微量$F(\Omega)(\mathrm{d}\Omega/2\pi)$，因为$F(\Omega)$实际上给出了组成信号所需要的不同复指数函数的“大小”(幅值)信息，所以通常一个信号的傅里叶变换$F(\Omega)$也称为信号$f(t)$的**频谱**。

在给出傅里叶变换公式时，我们并没有对信号做出任何限制，在实际工程中绝大多数信号确实能用傅里叶变换来分析，但从数学上来说是不严谨的。从上面对傅里叶变换概念的论述中可以看出，傅里叶变换的条件应该与傅里叶级数存在的条件类似，事实也是如此。这里给出傅里叶变换的条件，这个条件也称为狄利克雷条件(是傅里叶变换的充分条件)：

(1) $f(t)$绝对可积，即

$$\int_{-\infty}^{\infty} |f(t)| \mathrm{d}t < \infty \tag{3-12}$$

(2) 在任何有限区间内，$f(t)$只有有限个最大值和最小值。

(3) 在任何有限区间内，$f(t)$只有有限个不连续点，并且在每个不连续点上信号都必须取有限值，这时傅里叶变换收敛于间断点两边函数值的平均值。

现在介绍**常见非周期信号的傅里叶变换。**

1. 矩形脉冲信号(图3-3)

$$f(t)=\begin{cases} E, & |t|<\dfrac{\tau}{2} \\ 0, & |t|>\dfrac{\tau}{2} \end{cases}$$

式中，E为脉冲幅度，τ为脉冲宽度。这个信号的傅里叶变换在前面已经做了介绍，即

$$F(\Omega)=\frac{2E}{\Omega}\sin\left(\frac{\Omega\tau}{2}\right)=E\tau\,\mathrm{Sa}\left(\frac{\Omega\tau}{2}\right)$$

其幅度谱和相位谱分别为

$$|F(\Omega)|=E\tau\left|\mathrm{Sa}\left(\frac{\Omega\tau}{2}\right)\right|$$

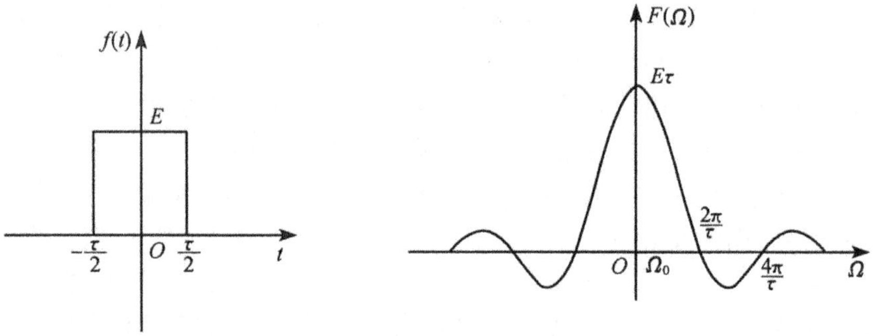

图 3-3　矩形脉冲信号及其频谱

$$\varphi(\Omega)=\begin{cases}0, & \dfrac{4n\pi}{\tau}<|\Omega|<\dfrac{2(2n+1)\pi}{\tau}\\ \pi, & \dfrac{2(2n+1)\pi}{\tau}<|\Omega|<\dfrac{2(2n+2)\pi}{\tau}\end{cases},\quad n=0,1,2,\cdots$$

2. 单边指数信号(图 3-4)

单边指数信号可以表示为

$$f(t)=\begin{cases}e^{-\alpha t}, & t>0,\alpha>0\\ 0, & t<0\end{cases}$$

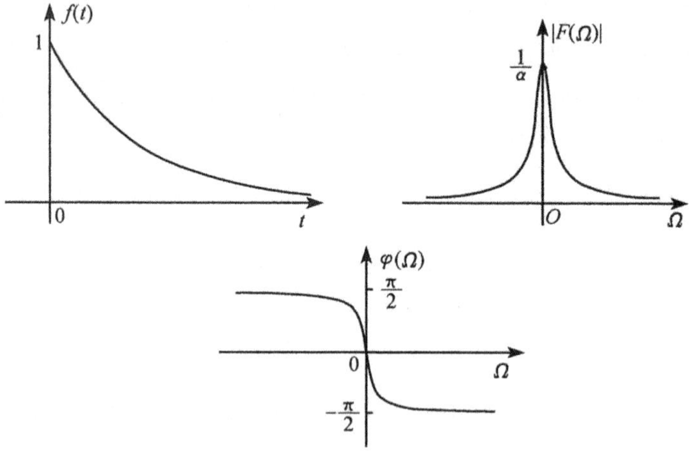

图 3-4　单边指数函数及其频谱

或为

$$f(t)=e^{-\alpha t}u(t),\quad \alpha>0$$

于是有傅里叶变换

$$F(\Omega)=\int_{-\infty}^{\infty} f(t)\mathrm{e}^{-\mathrm{j}\Omega t}\mathrm{d}t=\int_{0}^{\infty} \mathrm{e}^{-\alpha t}\mathrm{e}^{-\mathrm{j}\Omega t}\mathrm{d}t$$

$$=\int_{0}^{\infty} \mathrm{e}^{-(\alpha+\mathrm{j}\Omega)t}\mathrm{d}t=-\frac{\mathrm{e}^{-(\alpha+\mathrm{j}\Omega)t}}{\alpha+\mathrm{j}\Omega}\bigg|_{0}^{\infty}=\frac{1}{\alpha+\mathrm{j}\Omega}$$

单边指数信号的幅度谱和相位谱为

$$|F(\Omega)|=\frac{1}{\sqrt{\alpha^2+\Omega^2}}$$

$$\varphi(\Omega)=-\arctan\left(\frac{\Omega}{\alpha}\right)$$

3. 双边奇指数信号(图 3-5)

双边指数信号表示为

$$f(t)=\begin{cases}-\mathrm{e}^{\alpha t}, & t<0\\ \mathrm{e}^{-\alpha t}, & t>0\end{cases}$$

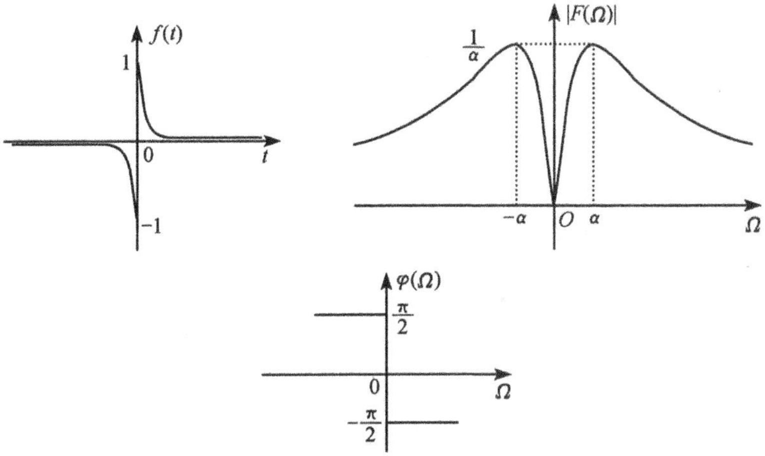

图 3-5　双边奇指数信号及其频谱

式中，$\alpha>0$，它的傅里叶变换为

$$F(\Omega)=\int_{-\infty}^{\infty} f(t)\mathrm{e}^{-\mathrm{j}\Omega t}\mathrm{d}t$$

$$=\int_{-\infty}^{0} -\mathrm{e}^{\alpha t}\mathrm{e}^{-\mathrm{j}\Omega t}\mathrm{d}t+\int_{0}^{\infty} \mathrm{e}^{-\alpha t}\mathrm{e}^{-\mathrm{j}\Omega t}\mathrm{d}t$$

$$=-\frac{1}{\alpha-\mathrm{j}\Omega}+\frac{1}{\alpha+\mathrm{j}\Omega}$$

$$=-\mathrm{j}\frac{2\Omega}{\alpha^2+\Omega^2}$$

其幅度频谱和相位频谱为

$$|F(\Omega)|=\frac{2|\Omega|}{\alpha^2+\Omega^2}$$

$$\varphi(\Omega)=\begin{cases}\dfrac{\pi}{2}, & \Omega<0\\ -\dfrac{\pi}{2}, & \Omega>0\end{cases}$$

4. 单位冲激函数

单位冲激函数的傅里叶变换为

$$F(\Omega)=\int_{-\infty}^{\infty}\delta(t)\mathrm{e}^{-\mathrm{j}\Omega t}\mathrm{d}t$$

根据冲激函数的性质式(1-31),上式的积分等于 1,即

$$\mathscr{F}[\delta(t)]=1$$

上式说明,单位冲激函数是无限带宽的信号,在整个频域内频谱是均匀分布的,这个频谱通常称为“**均匀谱**”或“**白色谱**”。

5. 单位直流信号(图 3-6)

单位直流信号可以表示为

$$f(t)=1,\quad -\infty<t<\infty$$

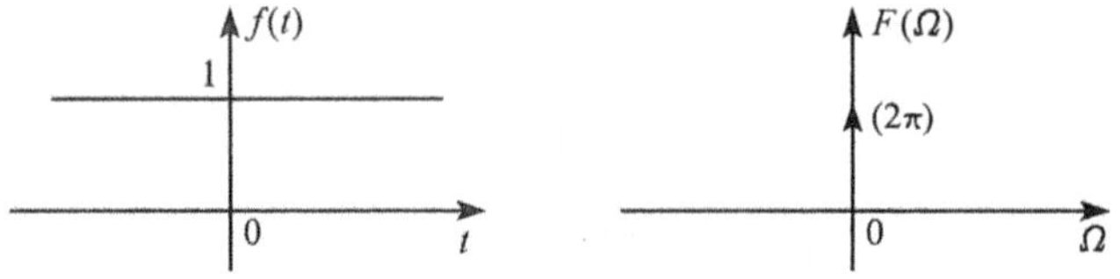

图 3-6 单位直流信号及其频谱

显然单位直流信号不满足狄利克雷条件,故不能直接用积分求出其傅里叶变换。为此我们可以把单位直流信号看成脉冲幅度为 1,脉冲宽度 τ 趋于无穷大的矩形脉冲信号。前面已经求得矩形脉冲信号的傅里叶变换为 $F(\Omega)=\tau\mathrm{Sa}\left(\frac{\Omega\tau}{2}\right)$,于是单位直流信号的傅里叶变换为

$$\mathscr{F}[1]=\lim_{\tau\to\infty}\left[\tau\mathrm{Sa}\left(\frac{\Omega\tau}{2}\right)\right]=2\pi\lim_{\tau\to\infty}\left[\frac{\tau}{2\pi}\mathrm{Sa}\left(\frac{\Omega\tau}{2}\right)\right]$$

注意到单位冲激函数的一种定义形式

$$\delta(t)=\lim_{k\to\infty}\left[\frac{k}{\pi}\mathrm{Sa}(kt)\right]$$

所以单位直流信号的傅里叶变换为

$$\mathscr{F}[1] = 2\pi\delta(\Omega)$$

6. 符号函数(图 3-7)

若将符号函数 sgn(t)看成双边指数信号当 $\alpha \to 0$ 时的极限,那么符号函数的傅里叶变换为

$$\mathscr{F}[\mathrm{sgn}(t)] = \lim_{\alpha \to 0} \frac{-\mathrm{j}2\Omega}{\alpha^2 + \Omega^2} = -\mathrm{j}\,\frac{2}{\Omega}$$

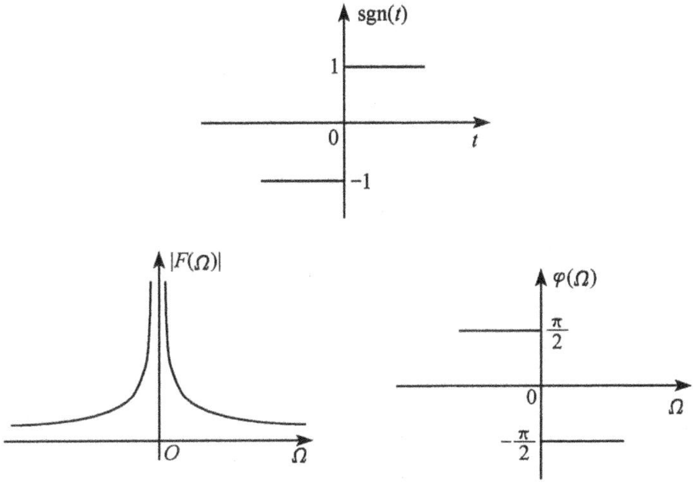

图 3-7　符号函数及其频谱

所以符号函数的幅度频谱和相位频谱为

$$|F(\Omega)| = \frac{2}{|\Omega|}$$

$$\varphi(\Omega) = \begin{cases} -\dfrac{\pi}{2}, & \Omega > 0 \\ \dfrac{\pi}{2}, & \Omega < 0 \end{cases}$$

7. 单位阶跃函数(图 3-8)

单位阶跃函数可以看成是直流信号与符号函数的叠加,即

$$u(t) = \frac{1}{2} + \frac{1}{2}\mathrm{sgn}(t)$$

上式两边进行傅里叶变换,则有

$$\mathscr{F}[u(t)] = \mathscr{F}\left[\frac{1}{2}\right] + \mathscr{F}\left[\frac{1}{2}\mathrm{sgn}(t)\right]$$

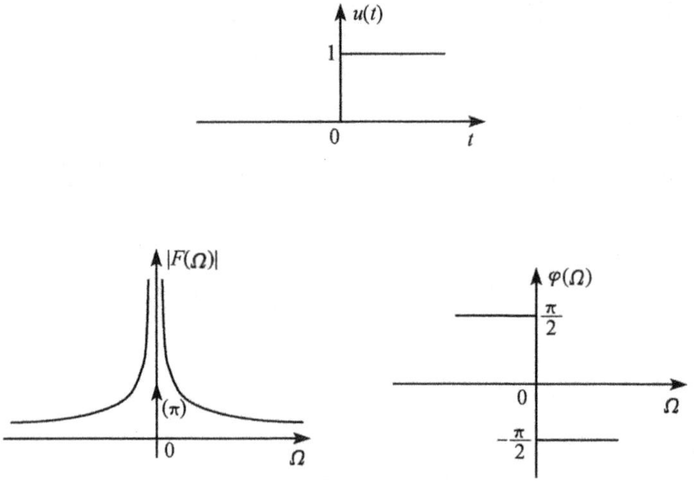

图 3-8 单位阶跃函数及其频谱

代入直流信号的傅里叶变换和符号函数的傅里叶变换，得

$$\mathscr{F}[u(t)] = \pi\delta(\Omega) + \frac{1}{\mathrm{j}\Omega}$$

单位阶跃函数的幅度频谱和相位频谱为

$$|F(\Omega)| = \pi\delta(\Omega) + \frac{1}{|\Omega|}$$

$$\varphi(\Omega) = \begin{cases} -\frac{\pi}{2}, & \Omega > 0 \\ \frac{\pi}{2}, & \Omega < 0 \end{cases}$$

3.3 傅里叶变换的性质

研究傅里叶变换的性质是为了便于了解信号时-频域特性的内在关系，以及进行傅里叶变换或傅里叶反变换时简化计算方法。为了方便起见，在讨论傅里叶变换性质时采用一些简化符号表示信号与其变换之间的关系，即一个信号 $f(t)$ 与它的傅里叶变换 $F(\Omega)$ 由下式给出

$$F(\Omega) = \int_{-\infty}^{\infty} f(t)\mathrm{e}^{-\mathrm{j}\Omega t}\mathrm{d}t \tag{3-13}$$

$$f(t) = \frac{1}{2\pi}\int_{-\infty}^{\infty} F(\Omega)\mathrm{e}^{\mathrm{j}\Omega t}\mathrm{d}t \tag{3-14}$$

有时为了方便 $F(\Omega)$ 用 $\mathscr{F}[f(t)]$ 表示，$f(t)$ 用 $\mathscr{F}^{-1}[F(\Omega)]$ 表示；也将 $f(t)$ 与 $F(\Omega)$ 之间的傅里叶变换关系表示成 $f(t) \xleftrightarrow{\mathscr{F}} F(\Omega)$。

1. 线性特性

若

$$f_1(t) \overset{\mathscr{F}}{\longleftrightarrow} F_1(\Omega)$$

和

$$f_2(t) \overset{\mathscr{F}}{\longleftrightarrow} F_2(\Omega)$$

则

$$af_1(t)+bf_2(t) \overset{\mathscr{F}}{\longleftrightarrow} aF_1(\Omega)+bF_2(\Omega) \tag{3-15}$$

式中,a 和 b 为任意常数(可以是复数)。

2. 奇偶性

若

$$f(t) \overset{\mathscr{F}}{\longleftrightarrow} F(\Omega)$$

通常 $F(\Omega)$为复函数可以表示成

$$F(\Omega) = R(\Omega) + \mathrm{j}X(\Omega)$$

式中,$R(\Omega)$和 $X(\Omega)$分别为 $F(\Omega)$的实部和虚部,根据傅里叶变换的定义可知

$$R(\Omega)=\int_{-\infty}^{\infty} f(t)\cos(\Omega t)\,\mathrm{d}t \tag{3-16}$$

$$X(\Omega)=-\int_{-\infty}^{\infty} f(t)\sin(\Omega t)\,\mathrm{d}t \tag{3-17}$$

若 $f(t)$为实函数,则 $\mathscr{F}[f(t)]=\mathscr{F}[f^*(t)]$,因为

$$\mathscr{F}[f^*(t)]=\int_{-\infty}^{\infty} f^*(t)\mathrm{e}^{-\mathrm{j}\Omega t}\,\mathrm{d}t$$

$$=\left[\int_{-\infty}^{\infty} f(t)\mathrm{e}^{-\mathrm{j}(-\Omega)t}\,\mathrm{d}t\right]^* = F^*(-\Omega)$$

即有

$$F(\Omega) = F^*(-\Omega) \tag{3-18}$$

于是有

$$R(\Omega)= R(-\Omega) \tag{3-19}$$

$$X(\Omega)=- X(-\Omega) \tag{3-20}$$

由式(3-18)得

$$|F(\Omega)|=|F(-\Omega)| \tag{3-21}$$

$$\varphi(\Omega)=-\varphi(-\Omega) \tag{3-22}$$

这说明$|F(\Omega)|$和 $R(\Omega)$为 Ω 的偶函数,$\varphi(\Omega)$和 $X(\Omega)$为 Ω 的奇函数。

若 $f(t)$是实偶函数，则 $f(t)\sin(\Omega t)$是 t 的奇函数，式(3-17)积分为零，所以 $X(\Omega)=0$，则

$$F(\Omega)=R(\Omega)=2\int_{0}^{\infty}f(t)\cos(\Omega t)\mathrm{d}t \tag{3-23}$$

若 $f(t)$是实奇函数，则 $f(t)\cos(\Omega t)$是 t 的奇函数，式(3-16)的积分为零，所以 $R(\Omega)=0$，则

$$F(\Omega)=\mathrm{j}X(\Omega)=-\mathrm{j}2\int_{0}^{\infty}f(t)\sin(\Omega t)\mathrm{d}t \tag{3-24}$$

根据以上讨论方法，我们可以对 $f(t)$为虚奇函数和复函数时，$F(\Omega)$的奇偶性进行研究。

3. 对称性

若

$$F(\Omega)=\mathscr{F}[f(t)]$$

则

$$\mathscr{F}[F(t)]=2\pi f(-\Omega) \tag{3-25}$$

这是因为

$$f(t)=\frac{1}{2\pi}\int_{-\infty}^{\infty}F(\Omega)\mathrm{e}^{\mathrm{j}\Omega t}\mathrm{d}\Omega$$

于是

$$f(-t)=\frac{1}{2\pi}\int_{-\infty}^{\infty}F(\Omega)\mathrm{e}^{-\mathrm{j}\Omega t}\mathrm{d}\Omega$$

将上式中的 t 与 Ω 互换得

$$f(-\Omega)=\frac{1}{2\pi}\int_{-\infty}^{\infty}F(t)\mathrm{e}^{-\mathrm{j}\Omega t}\mathrm{d}t$$

即有

$$\mathscr{F}[F(t)]=\int_{-\infty}^{\infty}F(t)\mathrm{e}^{-\mathrm{j}\Omega t}\mathrm{d}t=2\pi f(-\Omega)$$

式(3-25)说明，信号的傅里叶变换的傅里叶变换等于这个信号函数的反号函数乘以 2π。

在前面讨论的单位冲激函数与单位直流信号之间就满足这种关系。即

$$\mathscr{F}[\delta(t)]=1$$
$$\mathscr{F}[1]=2\pi\delta(-\Omega)=2\pi\delta(\Omega)$$

又如求抽样函数 $\mathrm{Sa}(t)=\dfrac{\sin t}{t}$的傅里叶变换。若直接按傅里叶变换定义来求很麻烦，利用傅里叶变换的对称性质可以利用矩形脉冲傅里叶变换求解。因为

$$f(t)=\begin{cases}E, & |t|<\frac{\tau}{2}\\ 0, & |t|>\frac{\tau}{2}\end{cases}\xleftrightarrow{\mathscr{F}} F(\Omega)=E\tau\mathrm{Sa}\left(\frac{\Omega\tau}{2}\right)$$

令 $E=1,\tau=2$,则有

$$f(t)=\begin{cases}1, & |t|<1\\ 0, & |t|>1\end{cases}\xleftrightarrow{\mathscr{F}} F(\Omega)=2\mathrm{Sa}(\Omega)$$

根据傅里叶变换的对称性质,有

$$\mathscr{F}[\mathrm{Sa}(t)]=\frac{1}{2}2\pi f(-\Omega)=\begin{cases}\pi, & |\Omega|<1\\ 0, & |\Omega|>1\end{cases} \tag{3-26}$$

从以上两例我们看到,除了在幅值上差个比例常数外,时域中的单位冲激函数的傅里叶变换为频域中的直流函数,而时域中的直流函数的傅里叶变换为频域中的冲激函数;时域中的矩形脉冲函数的傅里叶变换为频域中的抽样函数,而时域中的抽样函数的傅里叶变换为频域中的矩形脉冲函数。傅里叶变换的对称性质是由傅里叶变换公式的对称性所决定的,有时我们也称对称性为傅里叶变换的对偶性。

4. 尺度变换特性

若

$$f(t)\xleftrightarrow{\mathscr{F}} F(\Omega)$$

则

$$f(at)\xleftrightarrow{\mathscr{F}} \frac{1}{|a|}F(\frac{\Omega}{a}) \tag{3-27}$$

尺度变换特性是傅里叶分析理论中的一个重要特性,它表明时间的伸缩必将导致频率的伸缩,但是时间的伸缩与频率的伸缩是相反的,即当 $a>1$ 时,$f(at)$是 $f(t)$ 的压缩图形(相当于时间的扩展),而 $F\left(\frac{\Omega}{a}\right)$则是 $F(\Omega)$ 图形的扩展(相当于频率压缩),另外要注意,在频率图形扩展的同时,频谱的幅度也成比例减小,如图 3-9 所示。特别是当 $a=-1$ 时,有

$$f(-t)\xleftrightarrow{\mathscr{F}} F(-\Omega) \tag{3-28}$$

上式说明,在时间上反转一个信号,它的傅里叶变换也反转。

5. 时移特性

若

$$f(t)\xleftrightarrow{\mathscr{F}} F(\Omega)$$

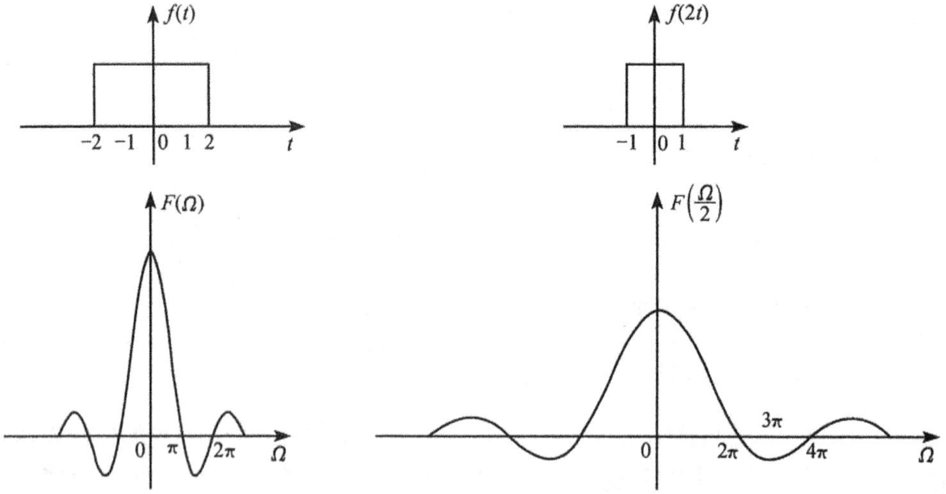

图 3-9 函数的尺度变换及其傅里叶变换

则

$$f(t-t_0) \xleftrightarrow{\mathscr{F}} \mathrm{e}^{-\mathrm{j}\Omega t_0} F(\Omega) \tag{3-29}$$

式中，t_0 是可正可负的常数。式(3-29)关系可以这样来得到，因为

$$\begin{aligned} f(t-t_0) &= \frac{1}{2\pi}\int_{-\infty}^{\infty} F(\Omega)\mathrm{e}^{\mathrm{j}\Omega(t-t_0)}\,\mathrm{d}\Omega \\ &= \frac{1}{2\pi}\int_{-\infty}^{\infty} [\mathrm{e}^{-\mathrm{j}\Omega t_0}F(\Omega)]\mathrm{e}^{\mathrm{j}\Omega t}\,\mathrm{d}\Omega \end{aligned}$$

即有

$$\mathscr{F}[f(t-t_0)] = \mathrm{e}^{-\mathrm{j}\Omega t_0}F(\Omega)$$

这个性质说明，信号在时间上的移位，并不改变它的傅里叶变换的模(信号的幅度频谱)，而仅仅引入了一个相移 $-\Omega t_0$，这个相移与频率成线性关系。

6. 频移特性

若

$$f(t) \xleftrightarrow{\mathscr{F}} F(\Omega)$$

则

$$\mathrm{e}^{\mathrm{j}\Omega_0 t}f(t) \xleftrightarrow{\mathscr{F}} F(\Omega-\Omega_0) \tag{3-30}$$

式中，Ω_0 为可正可负的常数。式(3-30)可以这样来证明

$$\begin{aligned} \mathscr{F}^{-1}[F(\Omega-\Omega_0)] &= \frac{1}{2\pi}\int_{-\infty}^{\infty} F(\Omega-\Omega_0)\mathrm{e}^{\mathrm{j}\Omega t}\,\mathrm{d}\Omega \\ &= \frac{\mathrm{e}^{\mathrm{j}\Omega_0 t}}{2\pi}\int_{-\infty}^{\infty} F(\Omega-\Omega_0)\mathrm{e}^{\mathrm{j}(\Omega-\Omega_0)t}\,\mathrm{d}\Omega = \mathrm{e}^{\mathrm{j}\Omega_0 t}f(t) \end{aligned}$$

注意与时移特性比较，在时域中信号平移 t_0，在频域中就乘以 $e^{-j\Omega t_0}$ 因子，而在频域中平移 Ω_0，则在时域中也乘以 $e^{j\Omega_0 t}$ 因子，所不同的是所乘因子的指数符号有所不同。通常在通信理论中把时间信号 $f(t)$ 乘以 $e^{j\Omega_0 t}$ 因子称为**信号的调制**。由此可见信号调制的本质是将某一频带内的信号移至另一个频带(即信号的频移)。

利用频域平移特性很容易得到正弦信号的傅里叶变换，因为

$$\sin(\Omega_0 t)=\frac{1}{2j}(e^{j\Omega_0 t}-e^{-j\Omega_0 t})$$

$$\cos(\Omega_0 t)=\frac{1}{2}(e^{j\Omega_0 t}+e^{-j\Omega_0 t})$$

于是

$$\mathscr{F}[\sin(\Omega_0 t)]=\frac{1}{2j}\{\mathscr{F}[e^{j\Omega_0 t}]-\mathscr{F}[e^{-j\Omega_0 t}]\}$$

$$\mathscr{F}[\cos(\Omega_0 t)]=\frac{1}{2}\{\mathscr{F}[e^{j\Omega_0 t}]+\mathscr{F}[e^{-j\Omega_0 t}]\}$$

而 $\mathscr{F}[e^{j\Omega_0 t}]$ 和 $\mathscr{F}[e^{-j\Omega_0 t}]$ 可以看成直流信号受 $e^{j\Omega_0 t}$ 和 $e^{-j\Omega_0 t}$ 的调制，已知直流信号的傅里叶变换为

$$\mathscr{F}[1]=2\pi\delta(\Omega)$$

所以

$$\begin{aligned}\mathscr{F}[\sin(\Omega_0 t)]&=\frac{1}{2j}[2\pi\delta(\Omega-\Omega_0)-2\pi\delta(\Omega+\Omega_0)]\\&=j\pi[\delta(\Omega+\Omega_0)-\delta(\Omega-\Omega_0)]\end{aligned}$$

$$\begin{aligned}\mathscr{F}[\cos(\Omega_0 t)]&=\frac{1}{2}[2\pi\delta(\Omega-\Omega_0)+2\pi\delta(\Omega+\Omega_0)]\\&=\pi[\delta(\Omega+\Omega_0)+\delta(\Omega-\Omega_0)]\end{aligned}$$

注意这个例子同时也说明了正弦信号的频谱是两根冲激谱线，如图 3-10 所示。

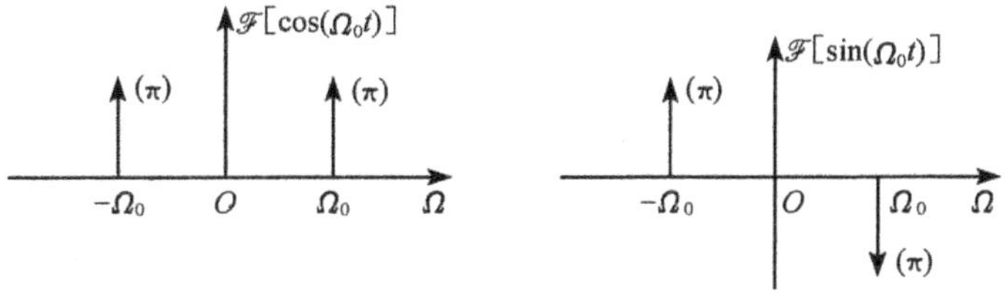

图 3-10　正弦信号的频谱

7. 微分特性

若

$$f(t)\xleftrightarrow{\mathscr{F}}F(\Omega)$$

则

$$f(t)=\frac{1}{2\pi}\int_{-\infty}^{\infty}F(\Omega)\mathrm{e}^{\mathrm{j}\Omega t}\mathrm{d}\Omega$$

上式两边求导有

$$\frac{\mathrm{d}f(t)}{\mathrm{d}t}=\frac{1}{2\pi}\int_{-\infty}^{\infty}\mathrm{j}\Omega F(\Omega)\mathrm{e}^{\mathrm{j}\Omega t}\mathrm{d}\Omega$$

即

$$\frac{\mathrm{d}f(t)}{\mathrm{d}t}\xleftrightarrow{\mathscr{F}}\mathrm{j}\Omega F(\Omega) \tag{3-31}$$

这是一个重要特性，它将时域中的求导数变成频域中的频谱与 $\mathrm{j}\Omega$ 的乘积。

8. 积分特性

若

$$f(t)\xleftrightarrow{\mathscr{F}}F(\Omega)$$

则

$$\int_{-\infty}^{t}f(x)\mathrm{d}x\xleftrightarrow{\mathscr{F}}\frac{1}{\mathrm{j}\Omega}F(\Omega)+\pi F(0)\delta(\Omega) \tag{3-32}$$

式(3-32)右边的冲激函数项反映了由积分产生的直流(均值)。

证明

$$\begin{aligned}\mathscr{F}\left[\int_{-\infty}^{t}f(x)\mathrm{d}x\right]&=\int_{-\infty}^{\infty}\left[\int_{-\infty}^{t}f(x)\mathrm{d}x\right]\mathrm{e}^{-\mathrm{j}\Omega t}\mathrm{d}t\\&=\int_{-\infty}^{\infty}\left[\int_{-\infty}^{\infty}f(x)u(t-x)\mathrm{d}x\right]\mathrm{e}^{-\mathrm{j}\Omega t}\mathrm{d}t\end{aligned}$$

交换上式中的积分次序有

$$\mathscr{F}\left[\int_{-\infty}^{t}f(x)\mathrm{d}x\right]=\int_{-\infty}^{\infty}f(x)\left[\int_{-\infty}^{\infty}u(t-x)\mathrm{e}^{-\mathrm{j}\Omega t}\mathrm{d}t\right]\mathrm{d}x$$

上式中方括弧中的积分为阶跃函数 $u(t-x)$ 的傅里叶变换，因为

$$u(t)\xleftrightarrow{\mathscr{F}}\pi\delta(\Omega)+\frac{1}{\mathrm{j}\Omega}$$

则

$$u(t-x)\xleftrightarrow{\mathscr{F}}\pi\delta(\Omega)\mathrm{e}^{-\mathrm{j}\Omega x}+\frac{1}{\mathrm{j}\Omega}\mathrm{e}^{-\mathrm{j}\Omega x}$$

于是

$$\begin{aligned}\mathscr{F}\left[\int_{-\infty}^{t}f(x)\mathrm{d}x\right]&=\int_{-\infty}^{\infty}f(x)\left[\pi\delta(\Omega)\mathrm{e}^{-\mathrm{j}\Omega x}+\frac{1}{\mathrm{j}\Omega}\mathrm{e}^{-\mathrm{j}\Omega x}\right]\mathrm{d}x\\&=\pi\delta(\Omega)\int_{-\infty}^{\infty}f(x)\mathrm{e}^{-\mathrm{j}\Omega x}\mathrm{d}x+\frac{1}{\mathrm{j}\Omega}\int_{-\infty}^{\infty}f(t)\mathrm{e}^{-\mathrm{j}\Omega x}\mathrm{d}x\end{aligned}$$

$$= \pi\delta(\Omega)F(0) + \frac{1}{\mathrm{j}\Omega}F(\Omega)$$

证毕。

3.4 卷积定理

若

$$f_1(t) \xleftrightarrow{\mathscr{F}} F_1(\Omega)$$

$$f_2(t) \xleftrightarrow{\mathscr{F}} F_2(\Omega)$$

则

$$f_1(t) * f_2(t) \xleftrightarrow{\mathscr{F}} F_1(\Omega)F_2(\Omega) \tag{3-33}$$

式(3-33)说明时域卷积信号的傅里叶变换等于信号傅里叶变换的乘积，式(3-33)称为时域卷积定理。

证明　因为

$$f_1(t) * f_2(t) = \int_{-\infty}^{\infty} f_1(\tau) f_2(t-\tau)\mathrm{d}\tau$$

上式两边进行傅里叶变换，有

$$\mathscr{F}[f_1(t) * f_2(t)] = \int_{-\infty}^{\infty}\left[\int_{-\infty}^{\infty} f_1(\tau) f_2(t-\tau)\mathrm{d}\tau\right]\mathrm{e}^{-\mathrm{j}\Omega t}\mathrm{d}t$$

交换积分次序

$$\begin{aligned}\mathscr{F}[f_1(t) * f_2(t)] &= \int_{-\infty}^{\infty} f_1(\tau)\left[\int_{-\infty}^{\infty} f_2(t-\tau)\mathrm{e}^{-\mathrm{j}\Omega t}\mathrm{d}t\right]\mathrm{d}\tau \\ &= \int_{-\infty}^{\infty} f_1(\tau)\mathrm{e}^{-\mathrm{j}\Omega\tau}\left[\int_{-\infty}^{\infty} f_2(t-\tau)\mathrm{e}^{-\mathrm{j}\Omega(t-\tau)}\mathrm{d}(t-\tau)\right]\mathrm{d}\tau\end{aligned}$$

上式中，方括号里的积分就是 $f_2(t)$ 的傅里叶变换，即

$$\mathscr{F}[f_1(t) * f_2(t)] = \int_{-\infty}^{\infty} f_1(\tau)\mathrm{e}^{-\mathrm{j}\Omega\tau}F_2[\Omega]\mathrm{d}\tau = F_2[\Omega]\int_{-\infty}^{\infty} f_1(\tau)\mathrm{e}^{-\mathrm{j}\Omega\tau}\mathrm{d}\tau$$

上式中的积分就是 $f_1(t)$ 的傅里叶变换，即

$$\mathscr{F}[f_1(t) * f_2(t)] = F_2[\Omega]F_1[\Omega] = F_1(\Omega)F_2(\Omega)$$

证毕。

类似于式(3-33)的关系，还有频域卷积定理。

若

$$f_1(t) \xleftrightarrow{\mathscr{F}} F_1(\Omega)$$

$$f_2(t) \xleftrightarrow{\mathscr{F}} F_2(\Omega)$$

则

$$f_1(t)f_2(t) \xleftrightarrow{\mathscr{F}} \frac{1}{2\pi}F_1(\Omega) * F_2(\Omega) \tag{3-34}$$

式(3-34)说明，时域中两个信号乘积的傅里叶变换等于这两个信号傅里叶变换的卷积并乘以$\frac{1}{2\pi}$。

证明　因为

$$\frac{1}{2\pi}F_1(\Omega) * F_2(\Omega) = \frac{1}{2\pi}\int_{-\infty}^{\infty} F_1(\lambda)F_2(\Omega-\lambda)\mathrm{d}\lambda$$

上式两边求傅里叶逆变换，有

$$\mathscr{F}^{-1}\left[\frac{1}{2\pi}F_1(\Omega) * F_2(\Omega)\right] = \frac{1}{2\pi}\int_{-\infty}^{\infty}\left[\frac{1}{2\pi}\int_{-\infty}^{\infty} F_1(\lambda)F_2(\Omega-\lambda)\mathrm{d}\lambda\right]\mathrm{e}^{\mathrm{j}\Omega t}\mathrm{d}\Omega$$

交换上式中的积分次序

$$\begin{aligned}\mathscr{F}^{-1}\left[\frac{1}{2\pi}F_1(\Omega) * F_2(\Omega)\right] &= \frac{1}{2\pi}\int_{-\infty}^{\infty}F_1(\lambda)\left[\frac{1}{2\pi}\int_{-\infty}^{\infty} F_2(\Omega-\lambda)\mathrm{e}^{\mathrm{j}\Omega t}\mathrm{d}\Omega\right]\mathrm{d}\lambda \\ &= \frac{1}{2\pi}\int_{-\infty}^{\infty}F_1(\lambda)\mathrm{e}^{\mathrm{j}\lambda t}\left[\frac{1}{2\pi}\int_{-\infty}^{\infty} F_2(\Omega-\lambda)\mathrm{e}^{\mathrm{j}(\Omega-\lambda)t}\mathrm{d}(\Omega-\lambda)\right]\mathrm{d}\lambda\end{aligned}$$

上式中，方括号里的积分就是$F_2(\Omega)$的逆傅里叶变换，即有

$$\begin{aligned}\mathscr{F}^{-1}\left[\frac{1}{2\pi}F_1(\Omega) * F_2(\Omega)\right] &= \frac{1}{2\pi}\int_{-\infty}^{\infty} F_1(\lambda)\mathrm{e}^{\mathrm{j}\lambda t}f_2(t)\mathrm{d}\lambda \\ &= f_2(t)\left[\frac{1}{2\pi}\int_{-\infty}^{\infty}F_1(\lambda)\mathrm{e}^{\mathrm{j}\lambda t}\mathrm{d}\lambda\right]\end{aligned}$$

上式中，方括号里的积分就是$F_1(\Omega)$的逆傅里叶变换，所以

$$\mathscr{F}^{-1}\left[\frac{1}{2\pi}F_1(\Omega) * F_2(\Omega)\right] = f_2(t)f_1(t) = f_1(t)f_2(t)$$

证毕。

在第 2 章已经介绍了线性时不变系统的概念，线性时不变系统的一个重要特性是已知系统的单位冲激响应$h(t)$时，系统对于任何输入$x(t)$的响应$y(t)$可以用卷积求出，即

$$y(t) = x(t) * h(t)$$

运用傅里叶变换的时域卷积定理，有

$$Y(\Omega) = X(\Omega)H(\Omega) \tag{3-35}$$

式中

$$y(t) \xleftrightarrow{\mathscr{F}} Y(\Omega)$$

$$x(t) \xleftrightarrow{\mathscr{F}} X(\Omega)$$

$$h(t) \xleftrightarrow{\mathscr{F}} H(\Omega)$$

式(3-35)说明，线性时不变系统对任意输入的响应的傅里叶变换等于输入信号的

傅里叶变换与系统单位冲激响应傅里叶变换的乘积。注意到式(3-35)中系统的单位冲激响应 $h(t)$ 与输入信号无关,给定线性时不变系统 $h(t)$ 只取决于系统的结构和参数,因此它的傅里叶变换 $H(\Omega)$ 也是一定的,即只与系统的结构和参数有关,而与输入毫无关系。这就是说 $H(\Omega)$ 从频域反映了线性时不变系统的固有特性,我们称之为系统的**频率特性**或系统的**频率响应**。

为了进一步认识系统频率响应的重要性,我们来研究系统输入为复指数信号 $e^{jk\Omega_0 t}$ 时,系统的输出响应 $y(t)$,这里 k 为整常数,Ω_0 为任意常数,假定线性时不变系统的单位冲激响应为 $h(t)$,系统的频率响应为 $H(\Omega)$,即有 $\mathscr{F}[h(t)]=H(\Omega)$。

求解系统的输出可以用输入信号与系统的单位冲激响应卷积的方法,也可以用前面介绍的傅里叶变换的时域卷积定理,这里选用后一种方法。先求出输入信号的傅里叶变换,因为

$$x(t) = e^{jk\Omega_0 t}$$

输入信号 $x(t)$ 可以看成 $e^{jk\Omega_0 t}$ 与直流信号的乘积,根据傅里叶变换的频移特性,有

$$1 \xleftrightarrow{\mathscr{F}} 2\pi\delta(\Omega)$$

则

$$e^{jk\Omega_0 t} \xleftrightarrow{\mathscr{F}} 2\pi\delta(\Omega - k\Omega_0)$$

因此

$$Y(\Omega) = 2\pi\delta(\Omega - k\Omega_0)H(\Omega)$$

根据冲激函数的取样特性 $f(t)\delta(t-t_0)=f(t_0)\delta(t-t_0)$,上式可以写成

$$Y(\Omega) = 2\pi H(k\Omega_0)\delta(\Omega - k\Omega_0)$$

所以

$$\begin{aligned} y(t) &= \mathscr{F}^{-1}[Y(\Omega)] \\ &= H(k\Omega_0)\mathscr{F}^{-1}[2\pi\delta(\Omega - k\Omega_0)] \\ &= H(k\Omega_0)e^{jk\Omega_0 t} \end{aligned}$$

以上分析表明,对于输入 $e^{jk\Omega_0 t}$ 线性时不变系统的响应为 $H(k\Omega_0)e^{jk\Omega_0 t}$,这里 $H(k\Omega_0)$ 为复常数,因此指数函数通常称为线性时不变系统的**特征函数**。如果将 $H(k\Omega_0)$ 写成指数形式

$$H(k\Omega_0) = |H(k\Omega_0)| e^{j\arg[H(k\Omega_0)]}$$

于是

$$y(t) = |H(k\Omega_0)| e^{jk\Omega_0 t+\arg[H(k\Omega_0)]}$$

与输入比较可见输入输出具有相同的形式,只是输出幅值比输入扩大(实际可能是缩小) 了 $|H(k\Omega_0)|$ 倍,相位增加了 $\arg[H(k\Omega_0)]$ 弧度,所以 $H(k\Omega_0)$ 实际上反映了线性时不变系统对频率为 $k\Omega_0$ 复指数信号的传输能力,当 k 取不同值时,对应的 $|H(k\Omega_0)|$ 和 $\arg[H(k\Omega_0)]$ 也取相应的值,也就是说在知道了线性时不变系统的

频率响应后，系统对各次谐波 $e^{jk\Omega_0 t}$ 的传输能力也就确定了。

特征函数

一个信号，若系统对该信号的输出响应仅是一个常数（可以是复数）乘以输入，则称该信号为系统的**特征函数**，而幅度因子称为系统的**特征值**。

线性时不变系统的特征函数是复指数函数。

对于任意给定的周期为 T 的周期信号可以展开成傅里叶级数，即

$$x(t)=\sum_{k=-\infty}^{\infty}X_k e^{jk\Omega_0 t}$$

式中，$\Omega_0=\dfrac{2\pi}{T}$ 为基波角频率，X_k 为傅里叶系数，可以是复数，由下式确定

$$X_k=\frac{1}{T}\int_T x(t)e^{-jk\Omega_0 t}dt$$

根据前面分析的结果，一个线性时不变系统对这个周期信号的每个分量 $X_k e^{jk\Omega_0 t}$ 的相应为

$$X_k H(k\Omega_0)e^{jk\Omega_0 t}$$

于是系统的输出为

$$y(t)=\sum_{k=-\infty}^{\infty}X_k H(k\Omega_0)e^{jk\Omega_0 t}$$

对于非周期信号，上式中的 $k\Omega_0$ 趋于连续变量 Ω，信号的傅里叶系数 X_k 就趋于信号的傅里叶变换 $X(\Omega)$，求和就变成积分，即有

$$y(t)=\frac{1}{2\pi}\int_{-\infty}^{\infty}X(\Omega)H(\Omega)e^{j\Omega t}d\Omega$$

因为

$$y(t)=x(t)*h(t)$$

所以

$$x(t)*h(t)\xleftrightarrow{\mathscr{F}}X(\Omega)H(\Omega)$$

实际上，上式关系就是傅里叶变换的时域卷积定理所表明的结果。

现在再来讨论一个例子，设有一个线性时不变系统，它的单位冲激相应为

$$h(t)=\delta(t-t_0)$$

这个系统对任何输入 $x(t)$ 的响应可以由卷积求出，即

$$\begin{aligned}y(t)&=x(t)*h(t)\\&=\int_{-\infty}^{\infty}x(\tau)\delta(t-\tau-t_0)d\tau\end{aligned}$$

因为

$$f(t)\delta(t-t_0)=f(t_0)\delta(t-t_0)$$

所以

$$\begin{aligned}y(t)&=\int_{-\infty}^{\infty}x(\tau)\delta[(t-t_0)-\tau]\mathrm{d}\tau\\&=\int_{-\infty}^{\infty}x(\tau)\delta[\tau-(t-t_0)]\mathrm{d}\tau\\&=x(t-t_0)\int_{-\infty}^{\infty}\delta[\tau-(t-t_0)]\mathrm{d}\tau=x(t-t_0)\end{aligned}$$

可见该系统是个**延时系统**(仅对输入信号产生一个延时)。而系统单位冲激响应的傅里叶变换为

$$H(\Omega)=\mathscr{F}[\delta(t-t_0)]=\mathrm{e}^{-\mathrm{j}\Omega t_0}$$

由上式可知,系统频率响应的模为 1,而相频特性为$-\Omega t_0$,即相位与频率 Ω 成线性关系,这个结论很重要,具有普遍意义。

考察一个**微分系统**,即线性时不变系统的输入输出关系由下式给出

$$y(t)=\frac{\mathrm{d}x(t)}{\mathrm{d}t}$$

上式两边取傅里叶变换,由傅里叶变换的微分定性质得

$$Y(\Omega)=\mathrm{j}\Omega X(\Omega)$$

所以微分系统的频率响应为

$$H(\Omega)=\frac{Y(\Omega)}{X(\Omega)}=\mathrm{j}\Omega$$

考察一个**积分系统**,即线性时不变系统的输入输出关系由下式给出

$$y(t)=\int_{-\infty}^{t}x(\tau)\mathrm{d}\tau$$

上式两边取傅里叶变换,由傅里叶变换的积分性质得

$$\begin{aligned}Y(\Omega)&=\frac{1}{\mathrm{j}\Omega}X(\Omega)+\pi X(0)\delta(\Omega)\\&=\frac{1}{\mathrm{j}\Omega}X(\Omega)+\pi X(\Omega)\delta(\Omega)\end{aligned}$$

所以积分系统的频率响应为

$$H(\Omega)=\frac{1}{\mathrm{j}\Omega}+\pi\delta(\Omega)$$

延时器、微分器和积分器是控制系统中常见的基本单元,我们讨论它们的频率响应有着极为重要的理论意义和实践价值。

3.5　周期信号的傅里叶变换

对于周期信号不能直接用傅里叶积分求傅里叶变换，但周期信号可以展开成傅里叶级数，即有

$$f(t)=\sum_{k=-\infty}^{\infty}F_k e^{jk\Omega_0 t}$$

式中，$\Omega_0=\frac{2\pi}{T}$，T 为周期信号的周期。上式两边求傅里叶变换

$$F(\Omega)=\mathscr{F}\left[\sum_{k=-\infty}^{\infty}F_k e^{jk\Omega_0 t}\right]$$

$$=\sum_{k=-\infty}^{\infty}F_k\mathscr{F}\left[e^{jk\Omega_0 t}\right]$$

因为 $\mathscr{F}[e^{jk\Omega_0 t}]=2\pi\delta(\Omega-k\Omega_0)$，所以

$$F(\Omega)=2\pi\sum_{k=-\infty}^{\infty}F_k\delta(\Omega-k\Omega_0)$$

上式说明，周期信号在频域上是由一串冲激所组成的，各冲激的面积正比于傅里叶级数系数。换言之，一个傅里叶级数系数为 $\{F_k\}$ 的周期信号的傅里叶变换，可以看成是出现在谐波关系的频率上的一串冲激函数，发生于第 k 次谐波频率 $k\Omega_0$ 上的冲激函数的面积是第 k 个傅里叶级数系数 F_k 的 2π 倍。

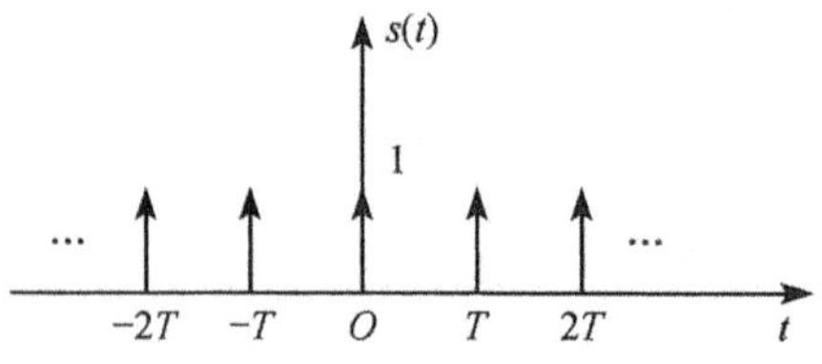

图 3-11　周期性冲激串

现在讨论一个有用的例子，已知一个周期为 T 的周期性冲激串(图 3-11)

$$s(t)=\sum_{k=-\infty}^{\infty}\delta(t-kT) \tag{3-36}$$

这个周期信号的傅里叶级数系数为

$$S_k=\frac{1}{T}\int_{-\frac{T}{2}}^{\frac{T}{2}}\delta(t)e^{-jk\Omega_0 t}dt=\frac{1}{T}$$

所以它的傅里叶变换为

$$S(\Omega)=\frac{2\pi}{T}\sum_{k=-\infty}^{\infty}\delta(\Omega-k\Omega_0)$$

由此可见，在时域周期为 T 的周期冲激串的傅里叶变换在频域是一个周期

为 $\Omega_0=\dfrac{2\pi}{T}$ 的周期冲激串，如图 3-12 所示，注意到当 T 增大时，Ω_0 减小，即时域中冲激密度（也就是周期）增大时，频域中冲激密度（即基波频率）就减小，这再一次表明了时域与频域间存在的相反关系。

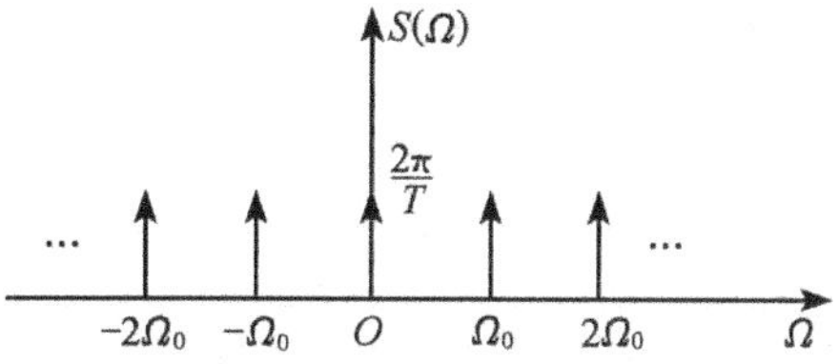

图 3-12 周期性冲激串的频谱

3.6 抽样信号的傅里叶变换与抽样定理

由于数字信号处理技术具有许多模拟信号处理技术所无法得到的优点，现代科学技术中数字信号处理技术的运用极为普遍。然而我们并不能用数字技术实现所有模拟技术所能做的所有事（尽管有这样的趋势），所以在高科技领域中我们采用数字和模拟技术相结合方式处理信号，图 3-13 给出了典型的数字信号处理系统的基本框架。

图 3-13 典型数字信号处理系统基本框架

图 3-13 中限带滤波器的作用是滤除模拟信号的高频成分、调整信号电平至合适的范围，这时输出的信号还是连续时间信号；模-数转换器的作用是将模拟信号转换（抽样）为数字信号，这时得到的是离散信号（准确地说是数字信号）；数字处理器对信号进行处理（加工），这时信号仍然是离散的；数-模转换器将离散信号（准确地讲是数字信号）转换为连续信号，这时信号又变为连续；平滑滤波器将连续信号中多余的高频分量滤除，并进行信号电平调整，这时信号为模拟信号。

根据上述系统的介绍不禁会产生这样的问题：信号是传载信息的，一个模拟信号经上述处理后会不会丢失信息呢？这个问题又有两个内涵，第一是将模拟信号转变成离散信号（数字信号）会不会丢失信息？第二是将离散信号（数字信号）恢复为模拟信号后，能不能从恢复模拟信号中得到需要的信息，观察信号中是否丢失信息，通常通过两个方面来判别：一是观察这两个信号的频谱是否一致，二是能否从一个信号恢复出另一个信号。下面我们研究信号的采样过程及其数学描述。

3.6.1 时域抽样

在一定条件下，一个连续信号完全可以用该信号在等间隔点上的样值或样本来表示，并且可以用这些样本值把原连续信号全部恢复出来，这就是抽样定理所要表述的意思。抽样定理给我们用离散信号(或数字信号)表示连续信号提供了理论依据。

设有连续信号 $f(t)$,每间隔时间 T 抽取一个样本值,所得的一系列样本值构成一个序列 $f(n)$,即

$$f(n)=f(t)\big|_{t=nT} \tag{3-37}$$

信号的抽样过程可以看成原信号 $f(t)$ 与一个抽样脉冲序列 $s(t)$ 相乘的结果,即

$$f_s(t)=f(t)s(t) \tag{3-38}$$

如果 $s(t)$ 为周期信号,它的周期 T_s 通常称为**抽样周期**,抽样周期的倒数 $f_s=\dfrac{1}{T_s}$ 称为**抽样频率**,而 $\Omega_s=2\pi f_s$ 称为**抽样角频率**。

由于 $s(t)$ 为周期信号,其傅里叶变换为

$$S(\Omega)=2\pi\sum_{n=-\infty}^{\infty}S_n\delta(\Omega-n\Omega_s) \tag{3-39}$$

式中,S_n 为 $s(t)$ 的傅里叶系数,即

$$S_n=\frac{1}{T_s}\int_{-\frac{T_s}{2}}^{\frac{T_s}{2}}s(t)\mathrm{e}^{-\mathrm{j}n\Omega_s t}\mathrm{d}t \tag{3-40}$$

当抽样函数 $s(t)$ 为矩形脉冲序列时(图 3-1),每个矩形高度为 E,宽度为 τ,则矩形脉冲的傅里叶级数系数为

$$S_n=\frac{E\tau}{T_s}\mathrm{Sa}\left(\frac{n\Omega_s\tau}{2}\right)$$

若取 $E=\dfrac{T_s}{\tau}$,则

$$S_n=\mathrm{Sa}\left(\frac{n\Omega_s\tau}{2}\right) \tag{3-41}$$

于是

$$S(\Omega)=2\pi\sum_{n=-\infty}^{\infty}\mathrm{Sa}\left(\frac{n\Omega_s\tau}{2}\right)\delta(\Omega-n\Omega_s) \tag{3-42}$$

因为

$$f_s(t)=f(t)s(t)$$

根据频域卷积定理有

$$F_s(\Omega)=\frac{1}{2\pi}F(\Omega)*S(\Omega)$$

式中

$$f_s(t)\xleftrightarrow{\mathscr{F}}F_s(\Omega)$$

$$f(t)\xleftrightarrow{\mathscr{F}}F(\Omega)$$

$$s(t)\xleftrightarrow{\mathscr{F}}S(\Omega)$$

将式(3-52)代入上式得

$$F_s(\Omega)=\frac{1}{2\pi}F(\Omega)*\left[2\pi\sum_{n=-\infty}^{\infty}\mathrm{Sa}\left(\frac{n\Omega_s\tau}{2}\right)\delta(\Omega-n\Omega_s)\right]$$

$$=\sum_{n=-\infty}^{\infty}\mathrm{Sa}\left(\frac{n\Omega_s\tau}{2}\right)F(\Omega)*\delta(\Omega-n\Omega_s)$$

$$=\sum_{n=-\infty}^{\infty}\mathrm{Sa}\left(\frac{n\Omega_s\tau}{2}\right)F(\Omega-n\Omega_s)$$

现在介绍限带信号的概念，如果一个信号 $f(t)$ 的频谱仅在有限频域区间上取非零值，即

$$f(t)\xleftrightarrow{\mathscr{F}}F(\Omega)=0,\qquad \Omega>|\Omega_M| \tag{3-43}$$

则此信号称为**限带信号**，有时也称为**带限信号**。

假设被抽样信号 $f(t)$ 是个限带信号，具有如图 3-14 所示频谱(这里仅考虑幅度频谱)，则抽样信号的频谱为

$$F_s(\Omega)=\sum_{n=-\infty}^{\infty}\mathrm{Sa}\left(\frac{n\Omega_s\tau}{2}\right)F(\Omega-n\Omega_s)$$

式中，τ 抽样矩形脉冲宽度，为了简便起见设 $\tau=2$，即有

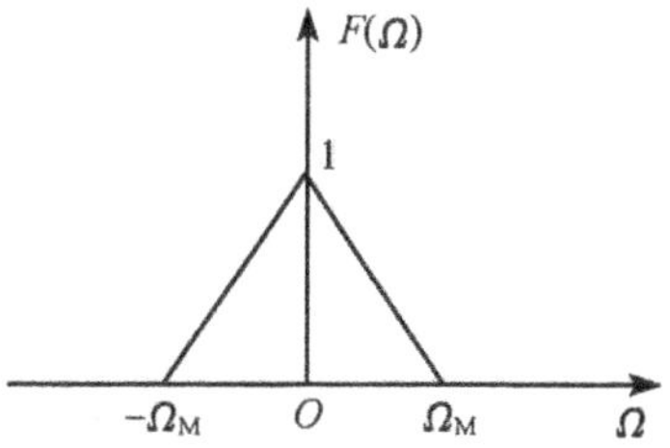

图 3-14　限带信号频谱

$$F_s(\Omega)=\sum_{n=-\infty}^{\infty}\mathrm{Sa}(n\Omega_s)F(\Omega-n\Omega_s)$$

式中，$\mathrm{Sa}(n\Omega_s)$ 具有图 3-15 所示图形。

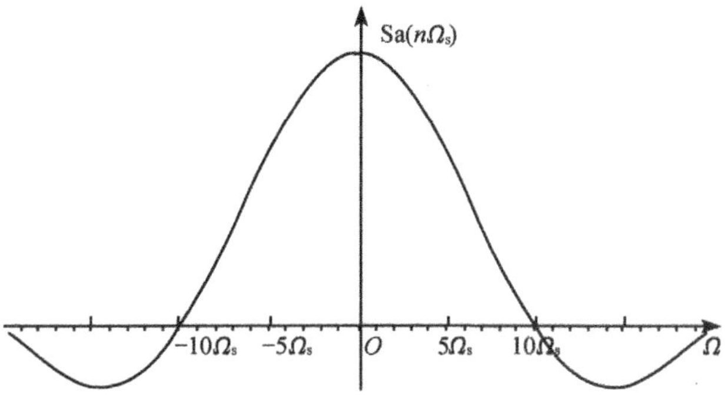

图 3-15　抽样信号 $\mathrm{Sa}(n\Omega_s)$ 波形

假定 $\Omega_s>2\Omega_M$，则可以画出抽样信号的频谱如图 3-16 所示。从图 3-16 可以看出，用矩形脉冲抽样时(这是最接近工程实际情况)，$F_s(\Omega)$ 在以 Ω_s 为间隔的离散点上重复原信号频谱 $F(\Omega)$，其幅以抽样函数 $\mathrm{Sa}(n\Omega_s)$ 的规律变化。

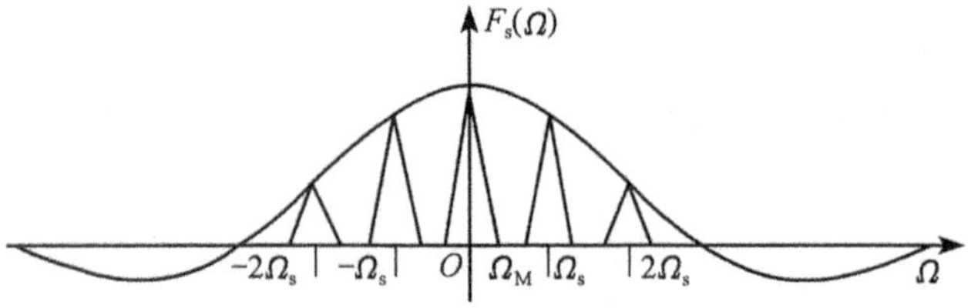

图 3-16　矩形抽样信号的频谱

当抽样函数 $s(t)$ 为冲激函数序列时,即

$$s(t)=\delta_{T_s}(t)=\sum_{n=-\infty}^{\infty}\delta(t-nT_s) \tag{3-44}$$

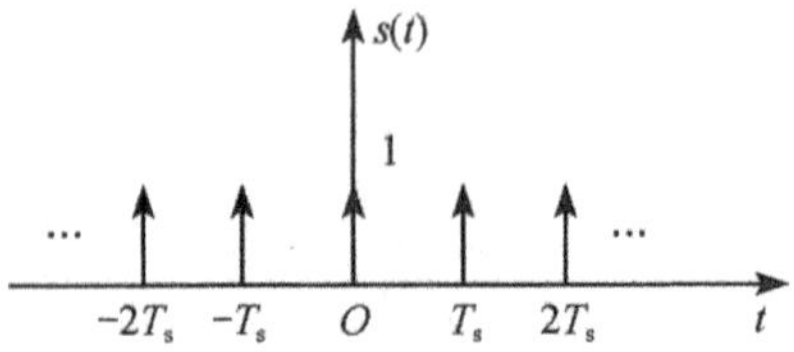

图 3-17　冲激函数序列

图 3-17 给出了冲激函数序列的图形,显然冲激函数序列也是个周期函数,周期为 T_s(抽样周期),傅里叶级数系数为

$$S_n=\frac{1}{T_s}$$

所以

$$F_s(\Omega)=\sum_{n=-\infty}^{\infty}\frac{1}{T_s}F(\Omega-n\Omega_s)$$

这里我们仍假设 $\Omega_s>2\Omega_M$,这时抽样信号的频谱如图 3-18 所示。

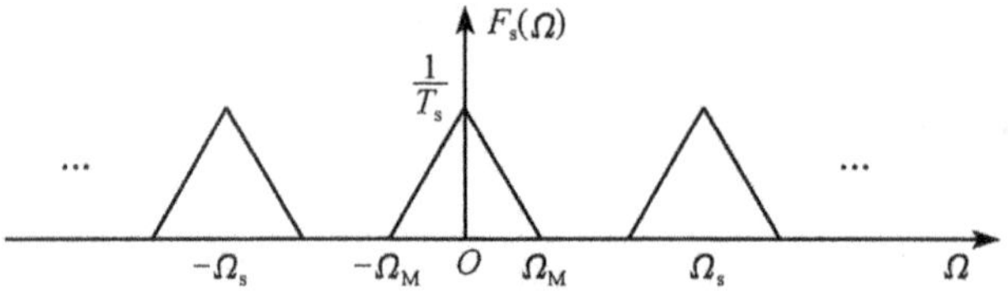

图 3-18　冲激函数抽样信号的频谱

由于冲激函数的频谱为直流函数,所以信号在冲激函数序列的调制下,原信号的频谱在以 Ω_s 为间隔的离散点上重复原信号频谱 $F(\Omega)$,但其形状不变,幅值乘以一个常数(与抽样周期有关)$\frac{1}{T_s}$。

3.6.2　频域抽样

现在讨论一个对称的问题,信号的频域抽样。运用数字信号处理理论对信号处理有时不仅要对时域信号处理,而且也要对频域信号进行处理,为了能用数字信号表示连续频域信号,需要对连续的频域信号进行抽样。

设

$$f(t) \xleftrightarrow{\mathscr{F}} F(\Omega)$$

这里 Ω 是连续频域变量，现以间隔为 Ω_1 的频域冲激序列 $\delta_{\Omega_1}(\Omega)$进行抽样，即

$$\delta_{\Omega_1}(\Omega) = \sum_{k=-\infty}^{\infty} \delta(\Omega - k\Omega_1)$$

频域抽样信号为

$$F_s(\Omega) = F(\Omega)\delta_{\Omega_1}(\Omega) \tag{3-45}$$

因为

$$\mathscr{F}^{-1}\left[\sum_{k=-\infty}^{\infty} \delta(\Omega - k\Omega_1)\right] = \frac{1}{\Omega_1}\sum_{k=-\infty}^{\infty} \delta(t - kT_1) \tag{3-46}$$

式中，$T_1 = \frac{2\pi}{\Omega_1}$。根据频域卷积定理有

$$\begin{aligned} f_s(t) &= \mathscr{F}^{-1}[F_s(\Omega)] \\ &= \mathscr{F}^{-1}[F(\Omega)\delta_{\Omega_1}(\Omega)] \\ &= f(t) * \left[\frac{1}{\Omega_1}\sum_{k=-\infty}^{\infty} \delta(t - kT_1)\right] \\ &= \frac{1}{\Omega_1}\sum_{k=-\infty}^{\infty} f(t - kT_1) \end{aligned} \tag{3-47}$$

式(3-47)表明，连续信号 $f(t)$的频谱 $F(\Omega)$在频域进行冲激抽样（理想抽样）后，其所对应的时间函数 $f_s(t)$是 $f(t)$以 $T_1 = \frac{2\pi}{\Omega_1}$为间隔的周期性函数。如果 $f(t)$为时间受限信号（在有限时间区间上取非零值），即

$$f(t) = 0, \qquad |t| > t_M$$

设 $f(t)$为时限信号，具有如图 3-19 所示图形。根据式(3-57)，频域抽样信号的时域图形如图 3-20 所示。

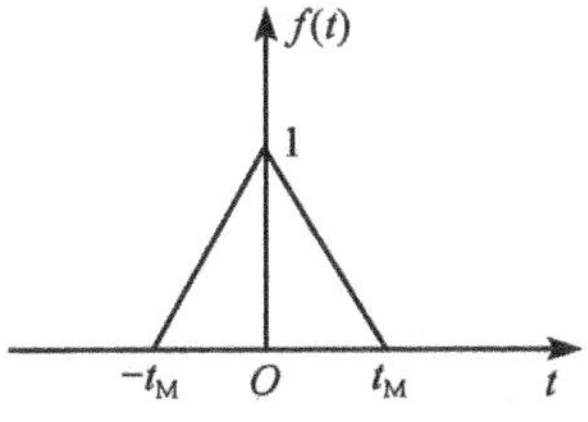

图 3-19　时限信号

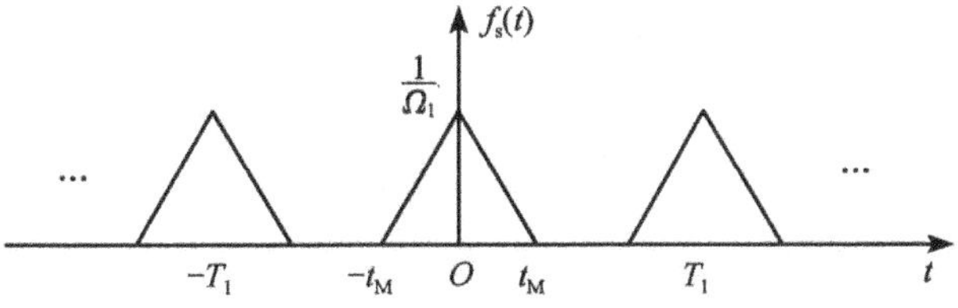

图 3-20　频域抽样信号的时域波形

3.6.3 抽样定理

时域抽样定理：设 $f(t)$ 是个带限信号，在 $|\Omega|>\Omega_M$ 时，$F(\Omega)=0$。如果抽样频率 $\Omega_s>2\Omega_M$，其中 $\Omega_s=\frac{2\pi}{T_s}$，那么 $f(t)$ 就唯一地由其样本 $f(nT_s)$，$n=0,\pm1,\pm2,\pm3,\cdots$ 所确定。已知这样的样本值，我们能用如下的办法重建 $f(t)$：产生一个周期冲激串，其冲激幅度就是这些抽样而来的样本值；然后将该冲激串通过一个增益为 T_s，截至频率为大于 Ω_M，而小于 $(\Omega_s-\Omega_M)$ 的理想低通滤波器，该滤波器的输出就是 $f(t)$。

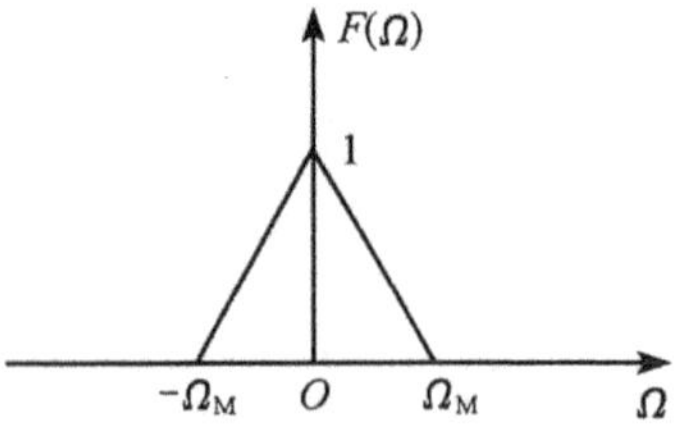

图 3-21 带限信号的频谱

在抽样定理中，抽样频率必须大于 $2\Omega_M$，该频率 $2\Omega_M$ 通常称为**奈奎斯特率**，对于 1/2 奈奎斯特率的频率 Ω_M 称为**奈奎斯特频率**。

现在我们来讨论**信号的恢复**，设信号 $f(t)$ 是带限信号，信号的最高频率（角频率）为 Ω_M，假定 $f(t)$ 具有如图 3-21 所示的频谱，抽样频率 Ω_s 大于 $2\Omega_M$。现在已知抽样信号 $f_s(t)$，如何恢复出原信号 $f(t)$？注意到在理想抽样情况下，抽样信号 $f_s(t)$ 的频谱具有如图 3-22 所示的图形。

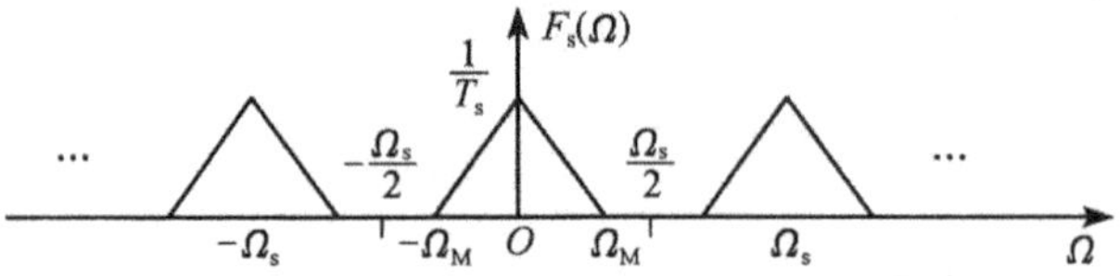

图 3-22 抽样信号的频谱

抽样信号频谱 $F_s(\Omega)$ 与原信号频谱 $F(\Omega)$ 有如下关系

$$F(\Omega)=\begin{cases}T_sF_s(\Omega), & |\Omega|<\frac{\Omega_s}{2}\\ 0, & |\Omega|\geqslant\frac{\Omega_s}{2}\end{cases}$$

设函数 $h(t)$，它有如图 3-23 所示的频谱，即

$$H(\Omega)=\begin{cases}T_s, & |\Omega|<\frac{\Omega_s}{2}\\ 0, & |\Omega|>\frac{\Omega_s}{2}\end{cases}$$

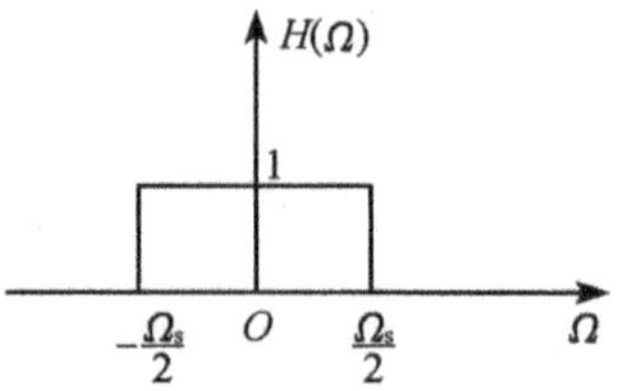

图 3-23 理想低通滤波器的频谱

实际上这是个理想低通滤波器的频谱，于是有

$$F(\Omega)=F_s(\Omega)H(\Omega)$$

根据时域卷积定理有

$$f(t)=f_s(t)*h(t)$$

式中

$$h(t)=\mathscr{F}^{-1}[H(\Omega)]=\frac{1}{2\pi}\int_{-\frac{\Omega_s}{2}}^{\frac{\Omega_s}{2}}T_s e^{j\Omega t}d\Omega=\text{Sa}\left(\frac{\Omega_s t}{2}\right)$$

$$\begin{aligned}f_s(t)&=f(t)s(t)\\&=f(t)\sum_{n=-\infty}^{\infty}\delta(t-nT_s)\\&=\sum_{n=-\infty}^{\infty}f(t)\delta(t-nT_s)\\&=\sum_{n=-\infty}^{\infty}f(nT_s)\delta(t-nT_s)\end{aligned}$$

所以

$$\begin{aligned}f(t)&=\left[\sum_{n=-\infty}^{\infty}f(nT_s)\delta(t-nT_s)\right]*\text{Sa}\left(\frac{\Omega_s t}{2}\right)\\&=\sum_{n=-\infty}^{\infty}f(nT_s)\delta(t-nT_s)*\text{Sa}\left(\frac{\Omega_s t}{2}\right)\\&=\sum_{n=-\infty}^{\infty}f(nT_s)\text{Sa}\left[\frac{\Omega_s(t-nT_s)}{2}\right]\end{aligned}\tag{3-48}$$

$$f(t)=\sum_{n=-\infty}^{\infty}f(nT_s)\text{Sa}\left(\frac{\Omega_s t}{2}-n\pi\right)\tag{3-49}$$

式(3-48)或式(3-49)给出了由信号的样本值 $f(nT_s)$恢复出原信号 $f(t)$的公式，注意到当信号的抽样频率一定时抽样函数 $\text{Sa}\left[\frac{\Omega_s(t-nT_s)}{2}\right]$或 $\text{Sa}\left(\frac{\Omega_s t}{2}-n\pi\right)$也就确定了，也就是说抽样函数的取值与信号无关，而且在推导这两个公式的过程中没有做任何近似，所以说根据公式可以精确地由样本值恢复出原信号。这就是抽样定理所表述的含义。

注：

$$\begin{aligned}\frac{1}{2\pi}\int_{-\frac{\Omega_s}{2}}^{\frac{\Omega_s}{2}}T_s e^{j\Omega t}d\Omega&=\frac{T_s}{2\pi}\frac{1}{t}e^{j\Omega t}\Big|_{-\frac{\Omega_s}{2}}^{\frac{\Omega_s}{2}}\\&=\frac{1}{\Omega_s t}\left(e^{j\frac{\Omega_s t}{2}}-e^{-j\frac{\Omega_s t}{2}}\right)\\&=\frac{2}{\Omega_s t}\sin\left(\frac{\Omega_s t}{2}\right)=\text{Sa}\left(\frac{\Omega_s t}{2}\right)\end{aligned}$$

由于时域与频域之间存在着对称性，所以不难得出如下**频域抽样定理**：

若 $f(t)$是时限信号，即有

$$f(t)=0,\quad |t|>t_M$$

如果在频域中以不大于$\frac{1}{2t_M}$的频率间隔 $f_1$$\left(\text{即 } f_1<\frac{1}{2t_M}\right)$对 $f(t)$的频谱 $F(\Omega)$进行抽样，则抽样信号频谱 $F_1(\Omega)$可以唯一地表示原信号的频谱。

习　　题

3-1 求下列各信号的傅里叶变换，并画出幅频特性草图：

(1) $x(t)=u(t+1)-u(t-1)$。

(2) $x(t)=\sin(2\pi t)[u(t)-u(t-1)]$。

(3) $x(t)=\cos(4\pi t)[u(t+0.5)-u(t-0.5)]$。

(4) $x(t)$如题图 3-1 所示。

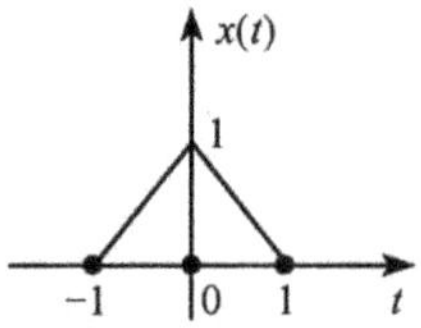

题图 3-1

3-2 求以下各信号的傅里叶变换：

(1) $x(t)=\sum_{k=0}^{\infty}a^k\delta(t-kT)$，$T$为常数，$|a|<1$。

(2) $x(t)=e^{-3|t|}\sin(2t)$。

(3) $x(t)=e^{-3t}u(t)$。

(4) $x(t)=e^{-3(t-2)}u(t-2)$。

3-3 已知 $X(\Omega)=\mathscr{F}[x(t)]$，试求以下各式的傅里叶变换：

(1) $\frac{dx(t)}{dt}*\frac{1}{\pi t}$。

(2) $(1-t)x(1-t)$。

3-4 已知信号的傅里叶变换为 $X(\Omega)=\frac{\sin(\Omega-2\pi)}{(\Omega-2\pi)}$，求对应的时间信号 $x(t)$。

3-5 应用傅里叶变换的卷积定理，求以下信号卷积的傅里叶变换：

(1) $x(t)=u(t)-u(t-2)$，$h(t)=te^{-4t}u(t)$。

(2) $x(t)=t[u(t)-u(t-1)]$，$h(t)=e^{-4t}u(t)$。

(3) $x(t)=t[u(t)-u(t-1)]$，$h(t)=te^{-4t}u(t)$。

3-6 已知一个线性时不变系统的输入、输出为

$$x(t)=(e^{-t}+e^{-3t})u(t)\text{和 } y(t)=(2e^{-t}-2e^{-4t})u(t)$$

(1) 求系统的频率响应 $H(\Omega)$。

(2) 求系统的单位冲激响应。

3-7 通过全桥整流器可以将交流电源转变成直流电源，全桥整流器的输入输出关系为 $y(t)=|x(t)|$，若输入交流为 $x(t)=A\cos(100\pi t)$，A为常数。求：

(1) 输入 $x(t)$和输出 $y(t)$的周期。

(2) 输出 $y(t)$的傅里叶系数。

(3) 输入 $x(t)$和输出 $y(t)$的直流分量(信号的平均值)。

3-8 一个周期为 1 的信号表示为 $x(t)=\cos(2\pi t)$，显然一个正整数 N 也是这个信号的周期。

当把这个信号作为周期为 3 的周期信号时，求信号的傅里叶系数。

3-9　两个周期信号 $\tilde{x}_1(t)$和 $\tilde{x}_2(t)$具有相同的周期 T_0，这两个信号的周期卷积定义为

$$\tilde{y}(t) = \int_{T_0} \tilde{x}_1(\tau)\tilde{x}_2(t-\tau)\mathrm{d}\tau$$

(1) 证明 $\tilde{y}(t)$也是周期为 T_0 的周期函数。

(2) 如果 $\tilde{x}_1(t)$，$\tilde{x}_2(t)$和 $\tilde{y}(t)$的傅里叶级数为

$$\tilde{x}_1(t) = \sum_{k=-\infty}^{\infty} a_k \mathrm{e}^{\mathrm{j}k(2\pi/T_0)t}, \quad \tilde{x}_2(t) = \sum_{k=-\infty}^{\infty} b_k \mathrm{e}^{\mathrm{j}k(2\pi/T_0)t}, \quad \tilde{y}(t) = \sum_{k=-\infty}^{\infty} c_k \mathrm{e}^{\mathrm{j}k(2\pi/T_0)t}$$

证明：$c_k = T_0 a_k b_k$。

3-10　求以下各周期函数的傅里叶系数：

(1) $x(t)$如题图 3-2 所示。

(2) $x(t)=\cos[\pi(t-1)/4]$。

(3) $x(t)$是周期为 2 的周期函数，已知

$$x(t)=\mathrm{e}^{-t}, \quad -1<t<1$$

(4) $x(t)$是周期为 4 的周期函数，已知

$$x(t)=\begin{cases} \sin\pi t, & 0\leqslant t<2 \\ 0, & 2\leqslant t\leqslant 4 \end{cases}$$

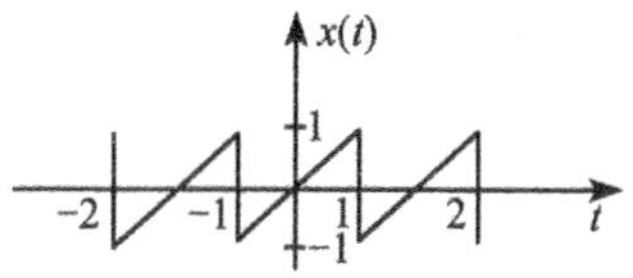

题图 3-2

3-11　信号 $x(t)=\cos 2\pi t$ 是周期为 1 的周期函数。该信号也可以看成周期为 N 的周期函数，N 为正整数。若以 N 为周期，求该周期函数对应的傅里叶系数。

第 4 章　离散系统分析和离散傅里叶变换

第 3 章已经介绍了连续时间信号(周期的或非周期的)的傅里叶变换。第 1、2 章介绍了离散信号和离散系统的概念,本章主要讨论离散信号的傅里叶变换。

4.1　离散信号的傅里叶变换

时域抽样定理告诉我们,连续时间信号可以由它的样本值恢复出来,即

$$f(t)=\sum_{n=-\infty}^{\infty}f(nT)\mathrm{Sa}\left[\frac{\Omega_s(t-nT)}{2}\right]$$

当抽样频率 Ω_s 给定时,抽样函数 $\mathrm{Sa}\left[\frac{\Omega_s(t-nT)}{2}\right]$就确定了,唯一与信号相关的是信号的样本值 $f(nT)$,换句话说传载 $f(t)$中信息的是样本值 $f(nT)$。因此研究连续时间信号 $f(t)$中的信息,就转变为研究样本值 $f(nT)$中的信息。当抽样频率 Ω_s 给定时,T 也就一定了,样本值 $f(nT)$就可以抽象为序列 $f(n)$,也就是说离散信号的数学抽象是序列。以后我们就用序列 $f(n)$表示离散信号(样本值)。

由于序列的变量是整数变量,与连续信号的变量不同,因此对序列的处理方法与连续时间变量的处理方法也必定不同。先来看看序列的傅里叶变换,连续非周期时间信号 $f(t)$的傅里叶变换为

$$F(\Omega)=\mathscr{F}[f(t)]=\int_{-\infty}^{\infty}f(t)\mathrm{e}^{-\mathrm{j}\Omega t}\mathrm{d}t$$

$$f(t)=\mathscr{F}^{-1}[F(\Omega)]=\frac{1}{2\pi}\int_{-\infty}^{\infty}F(\Omega)\mathrm{e}^{\mathrm{j}\Omega t}\mathrm{d}\Omega$$

假定 $f(n)$是非周期的,序列的傅里叶变换为

$$F(\mathrm{e}^{\mathrm{j}\omega})=\sum_{n=-\infty}^{\infty}f(n)\mathrm{e}^{-\mathrm{j}n\omega} \tag{4-1}$$

$$f(n)=\frac{1}{2\pi}\int_{-\pi}^{\pi}F(\mathrm{e}^{\mathrm{j}\omega})\mathrm{e}^{\mathrm{j}n\omega}\mathrm{d}\omega \tag{4-2}$$

式中,ω 为数字角频率。式(4-1)和式(4-2)构成了序列的傅里叶变换对,前者称为序列的傅里叶正变换,后者称为序列的傅里叶逆变换。注意到序列傅里叶正变换公式是个和式,这是因为序列 $f(n)$的变量是离散的整数,序列的傅里叶逆变换公式是个积分式,由此也说明序列的傅里叶变换是 ω 的连续函数,就是说,离散信号的傅里叶变换是频域中的连续函数。此外,因为

$$F(e^{j(\omega+2\pi)}) = \sum_{n=-\infty}^{\infty} f(n)e^{j(\omega+2\pi)n} = \sum_{n=-\infty}^{\infty} f(n)e^{j\omega n}e^{j2\pi n}$$

$$= \sum_{n=-\infty}^{\infty} f(n)e^{j\omega n} = F(e^{j\omega})$$

所以任何序列的傅里叶变换都是以 2π 为周期的频域连续函数。

序列的傅里叶变换具有如下性质：

1. 线性特性

若

$$x(n) \overset{\mathscr{F}}{\longleftrightarrow} X(e^{j\omega}), \qquad y(n) \overset{\mathscr{F}}{\longleftrightarrow} Y(e^{j\omega})$$

则

$$ax(n) + by(n) \overset{\mathscr{F}}{\longleftrightarrow} aX(e^{j\omega}) + bY(e^{j\omega}) \tag{4-3}$$

式中，a 和 b 均为常数。

2. 时间位移特性

若

$$x(n) \overset{\mathscr{F}}{\longleftrightarrow} X(e^{j\omega})$$

则

$$x(n-n_0) \overset{\mathscr{F}}{\longleftrightarrow} e^{-j\omega n_0}X(e^{j\omega}) \tag{4-4}$$

式中，n_0 为任意整数。

3. 频率位移特性

若

$$x(n) \overset{\mathscr{F}}{\longleftrightarrow} X(e^{j\omega})$$

则

$$x(n)e^{j\omega_0 n} \overset{\mathscr{F}}{\longleftrightarrow} X(e^{j(\omega-\omega_0)}) \tag{4-5}$$

式中，ω_0 为任意常数。

4. 对称特性

若 $x(n)$ 为实数序列，即

$$x(n) = x^*(n)$$

且有

$$x(n) = x(-n)$$

则称 $x(n)$为**偶序列**，通常用下标 e 表示偶序列，即 $x_e(n)$。

若 $x(n)$为实数序列，且

$$x(n) = -x(-n)$$

则称 $x(n)$为**奇序列**，通常用下标 o 表示奇序列，即 $x_o(n)$。

任何序列都可以表示为偶序列与奇序列之和，即

$$x(n) = x_e(n) + x_o(n) \tag{4-6}$$

其中

$$x_e(n) = \frac{1}{2}[x(n) + x(-n)] \tag{4-7}$$

$$x_o(n) = \frac{1}{2}[x(n) - x(-n)] \tag{4-8}$$

若 $x(n)$为复数序列，且其实部为偶对称，虚部为奇对称，即

$$\mathrm{Re}[x(n)] = \mathrm{Re}[x(-n)]$$

$$\mathrm{Im}[x(n)] = -\mathrm{Im}[x(-n)]$$

则称此序列为**共轭对称序列**，通常表示为 $x_e(n)=x_e^*(-n)$。

若 $x(n)$为复数序列，且其实部为奇对称，虚部为偶对称，即

$$\mathrm{Re}[x(n)] = -\mathrm{Re}[x(-n)]$$

$$\mathrm{Im}[x(n)] = \mathrm{Im}[x(-n)]$$

则称此序列为**共轭反对称序列**，通常表示为 $x_o(n)=-x_o^*(-n)$。

任意复数序列 $x(n)$均可表示为共轭对称序列与共轭反对称序列之和，即

$$x(n) = x_e(n) + x_o(n) \tag{4-9}$$

其中

$$x_e(n) = \frac{1}{2}[x(n) + x^*(-n)] \tag{4-10}$$

$$x_o(n) = \frac{1}{2}[x(n) - x^*(-n)] \tag{4-11}$$

实际上，式(4-9)与式(4-6)是等价的，当 $x(n)$为实数序列时，式(4-9)就变成式(4-6)了。

若

$$x(n) \xleftrightarrow{\mathscr{F}} X(\mathrm{e}^{\mathrm{j}\omega})$$

则

$$x^*(n) \xleftrightarrow{\mathscr{F}} X^*(\mathrm{e}^{-\mathrm{j}\omega}) \tag{4-12}$$

$$x^*(-n) \xleftrightarrow{\mathscr{F}} X^*(\mathrm{e}^{\mathrm{j}\omega}) \tag{4-13}$$

式(4-12)说明共轭序列的傅里叶变换等于原序列傅里叶变换的共轭函数的反函数。式(4-13)说明反序列的共轭序列的傅里叶变换等于原序列傅里叶变换的共轭

函数。这个性质再一次表明了时域和频域的对称性。

4.2　周期序列的傅里叶级数(DFS)

我们知道一个周期为 T 的连续时间信号 $f(t)$可以展开成傅里叶级数，即

$$f(t)=\sum_{n=-\infty}^{\infty}F_n\mathrm{e}^{\mathrm{j}n\Omega_0 t}$$

式中

$$F_n=\frac{1}{T}\int_{-\frac{T}{2}}^{\frac{T}{2}}f(t)\mathrm{e}^{-\mathrm{j}n\Omega_0 t}\mathrm{d}t,\quad \Omega_0=\frac{2\pi}{T}$$

对于一个周期为 N 的离散信号 $f(n)$，也可以展开成傅里叶级数。注意到连续时间信号展开成傅里叶级数是将信号表示成一系列基波频率 Ω_0 整倍数频率上复指数函数 $\mathrm{e}^{\mathrm{j}n\Omega_0 t}$的加权和。由此我们想到一个周期序列也展开成其基波频率 $\omega_0=\frac{2\pi}{N}$整倍数频率上复指数 $\mathrm{e}^{\mathrm{j}k\omega_0 n}$的加权和。比较 $\mathrm{e}^{\mathrm{j}n\Omega_0 t}$和 $\mathrm{e}^{\mathrm{j}k\omega_0 n}$这两个复指数函数表达式，可以看出有两点不同，一是连续时间信号 $f(t)$的周期 T 是个模拟量，而周期序列的周期 N 则为整数值；二是连续时间信号 $f(t)$的自变量 t 是连续时间变量，而离散时间信号 $f(n)$的自变量 n 是离散变量(整数值)。正是因为存在着这种差别，决定了周期离散信号的傅里叶级数与周期连续信号的傅里叶级数有着很大的区别。在周期连续信号的傅里叶级数表达式中，复指数(谐波分量)$\mathrm{e}^{\mathrm{j}n\Omega_0 t}$有无穷多个，这表现在傅里叶级数是 n 无穷和式。然而对于周期离散信号的复指数(谐波分量)$\mathrm{e}^{\mathrm{j}k\omega_0 n}$只有 N 个独立分量，这是因为

$$\mathrm{e}^{\mathrm{j}(k+N)\omega_0 n}=\mathrm{e}^{\mathrm{j}(k+N)\frac{2\pi}{N}n}=\mathrm{e}^{\mathrm{j}k\frac{2\pi}{N}n+2\pi n}=\mathrm{e}^{\mathrm{j}k\frac{2\pi}{N}n}=\mathrm{e}^{\mathrm{j}k\omega_0 n}$$

同理可以推导出

$$\mathrm{e}^{\mathrm{j}k\omega_0(n+N)}=\mathrm{e}^{\mathrm{j}k\omega_0 n}$$

以上两式说明复指数 $\mathrm{e}^{\mathrm{j}k\omega_0 n}$既是变量 k 的周期序列，也是变量 n 的周期序列，周期均为 N。因此离散周期信号只能分解在独立的 N 个 $\mathrm{e}^{\mathrm{j}k\omega_0 n}$分量上，即有

$$f_{\mathrm{p}}(n)=\sum_{k=0}^{N-1}F_k\mathrm{e}^{\mathrm{j}n\omega_0 k}\tag{4-14}$$

为了与非周期序列加以区别，周期信号序列加注下标“p”表示周期含义。式(4-14)是仿照周期连续时间信号的傅里叶级数形式得出的周期序列傅里叶级数展开式，现在的问题是这样的展开是否可行，即能否找到满足式(4-14)的一组系数 $F_k,k=0,1,2,\cdots,N-1$。

用 $\mathrm{e}^{-\mathrm{j}n\omega_0 r}$乘以式(4-14)两边，并对 n 从 0 到 N-1 求和，即

$$\sum_{n=0}^{N-1}f_{\mathrm{p}}(n)\mathrm{e}^{-\mathrm{j}n\omega_0 r}=\sum_{n=0}^{N-1}\sum_{k=0}^{N-1}F_k\mathrm{e}^{\mathrm{j}n\omega_0 k}\mathrm{e}^{-\mathrm{j}n\omega_0 r}$$

上式右边交换求和次序，有

$$\sum_{n=0}^{N-1} f_{\mathrm{p}}(n)\mathrm{e}^{-\mathrm{j}n\omega_0 r} = \sum_{k=0}^{N-1}\sum_{n=0}^{N-1} F_k \mathrm{e}^{\mathrm{j}n\omega_0(k-r)}$$
$$= \sum_{k=0}^{N-1} F_k \left[\sum_{n=0}^{N-1} \mathrm{e}^{\mathrm{j}n\omega_0(k-r)}\right]$$

式中，方括号中的和式由正交关系求出，即

$$\sum_{n=0}^{N-1} \mathrm{e}^{\mathrm{j}n\omega_0 r} = \begin{cases} N, & r = mN \\ 0, & r \neq mN \end{cases}$$

式中，m 为整数，方括号中的和式只有当 $k-r=mN$ 或 $k=mN+r$ 时，取非零值 N，由于后一个和式变量 k 的取值范围为$[0,N-1]$，所以 m 必须取零值(即 $m=0$)，这就是说只有当 $k=r$ 时，方括号中的和式取非零值，于是

$$\sum_{n=0}^{N-1} f_{\mathrm{p}}(n)\mathrm{e}^{-\mathrm{j}n\omega_0 r} = NF_r \tag{4-15}$$

以上分析表明，式(4-14)中的系数 F_r 可以严格地由式(4-15)求出，也就是说式(4-14)表述的关系是存在的。将式(4-14)和式(4-15)略作修改就是周期序列的傅里叶级数表达式，即

$$f_{\mathrm{p}}(n) = \frac{1}{N}\sum_{n=0}^{N-1} F_{\mathrm{p}}(k) W_N^{-nk} \tag{4-16}$$

式中，$W_N=\mathrm{e}^{-\mathrm{j}\omega_0}=\mathrm{e}^{-\mathrm{j}\frac{2\pi}{N}}$称为旋转因子，$F_{\mathrm{p}}(k)$为傅里叶级数的系数，在这里写成序列形式，它由下式给出

$$F_{\mathrm{p}}(k) = \sum_{n=0}^{N-1} f_{\mathrm{p}}(n) W_N^{nk} \tag{4-17}$$

注意到按照我们前面推导的结果$\frac{1}{N}$因子应该乘以式(4-17)，而在这里将这个因子放在式(4-16)中了，这是信号处理理论中的习惯没有特殊的含义。另外也看到我们除了将傅里叶级数的系数写成序列形式外，还加注了下标“p”，这是因为

$$F_{\mathrm{p}}(k+N) = \sum_{n=0}^{N-1} f_{\mathrm{p}}(n) W_N^{n(k+N)}$$
$$= \sum_{n=0}^{N-1} f_{\mathrm{p}}(n) W_N^{nk} W_N^{nN}$$
$$= \sum_{n=0}^{N-1} f_{\mathrm{p}}(n) W_N^{nk} = F_{\mathrm{p}}(k)$$

周期序列 $f_{\mathrm{p}}(n)$的傅里叶级数系数 $F_{\mathrm{p}}(k)$也是以 N 为周期的周期序列。

任意给定一个周期序列 $f_{\mathrm{p}}(n)$都可以由式(4-17)求出它的傅里叶级数的系数序列 $F_{\mathrm{p}}(k)$。也就是说，时域中的一个周期序列必定与频域中的一个周期序列一

一对应，在信号处理理论中通常称式(4-17)为周期序列 $f_p(n)$ 的**离散傅里叶级数变换**(简写为 DFS)，即

$$F_p(k) = \mathrm{DFS}[f_p(n)] \tag{4-18}$$

而式(4-16)称为**离散傅里叶级数的逆变换**(简写为 IDFS)，即

$$f_p(n) = \mathrm{IDFS}[F_p(k)] \tag{4-19}$$

我们可以把 $F_p(k)$ 看成时域序列 $f_p(n)$ 的频域表示，反之 $f_p(n)$ 也可看成一个频域序列 $F_p(k)$ 的时域表示。这就是说，$f_p(n)$ 与 $F_p(k)$ 由式(4-16)和式(4-17)构成了时域与频域的映射关系。

现在讨论离散傅里叶级数的性质。设 $f_{1p}(n)$ 和 $f_{2p}(n)$ 都是周期为 N 的。

如果把周期连续时间信号的傅里叶级数的系数 F_k 看成周期序列在频域中的映射 $F(k\Omega_0)$(即 $F(k\Omega_0)=F_k$)，我们可以得出如下关系：

(1) 连续、非周期时域信号 $f(t)$←映射→非周期、连续频域信号 $F(\Omega)$，它由傅里叶变换构成映射关系，即

$$F(\Omega)=\int_{-\infty}^{\infty} f(t)\mathrm{e}^{-\mathrm{j}\Omega t}\,\mathrm{d}t \tag{4-20}$$

$$f(t)=\frac{1}{2\pi}\int_{-\infty}^{\infty} F(\Omega)\mathrm{e}^{\mathrm{j}\Omega t}\,\mathrm{d}\Omega \tag{4-21}$$

(2) 离散、非周期时域信号 $f(n)$←映射→周期、连续频域信号 $F(\mathrm{e}^{\mathrm{j}\omega})$，它由序列的傅里叶变换构成映射关系，即

$$F(\mathrm{e}^{\mathrm{j}\omega})=\sum_{n=-\infty}^{\infty} f(n)\mathrm{e}^{-\mathrm{j}n\omega} \tag{4-22}$$

$$f(n)=\frac{1}{2\pi}\int_{-\pi}^{\pi} F(\mathrm{e}^{\mathrm{j}\omega})\mathrm{e}^{\mathrm{j}n\omega}\,\mathrm{d}\omega \tag{4-23}$$

(3) 连续、周期时域信号 $f_p(t)$←映射→非周期、离散频域信号 $F(k\Omega_0)$，它由周期函数的傅里叶级数展开式构成映射关系，即

$$F(k\Omega_0)=\frac{1}{T}\int_{-\frac{T}{2}}^{\frac{T}{2}} f_p(t)\mathrm{e}^{-\mathrm{j}k\Omega_0 t}\,\mathrm{d}t \tag{4-24}$$

$$f_p(t)=\sum_{k=-\infty}^{\infty} F(k\Omega_0)\mathrm{e}^{\mathrm{j}k\Omega_0 t} \tag{4-25}$$

(4) 离散、周期时域信号 $f_p(n)$←映射→周期、离散频域信号 $F_p(k)$，它由离散傅里叶级数变换构成映射关系，即

$$F_p(k)=\sum_{n=0}^{N-1} f_p(n)W_N^{nk} \tag{4-26}$$

$$f_p(n)=\frac{1}{N}\sum_{n=0}^{N-1} F_p(k)W_N^{-nk} \tag{4-27}$$

以上分析实际上包含了所有可能的信号形式，注意上述映射关系有这样的对

称关系:如果信号在时域中是连续的,则它的频域表达式一定是非周期的,反之若信号在频域中是连续的,则它的时域表达式一定是非周期的;如果信号在时域中是离散的,则信号在频域中的表达式一定是周期的,反之如果信号在频域中是离散的,则信号在时域中的表达式是周期的。

4.3 离散傅里叶变换(DFT)

如果一个信号的时域表达式是离散的,而且是有限时宽,即

$$f(n) = 0, \quad n \notin [0, N-1] \tag{4-28}$$

式(4-28)表明序列 $f(n)$ 仅在区间 $[0, N-1]$ 上取非零值,通常称 $f(n)$ 为 N 点序列。事实上,在工程实践中我们一次可观察信号总是在有限时宽范围内进行的,这就是说一次观察信号常常是有限时宽的,对于离散信号就是有限长序列。对于信号的表述无论是在时域,还是在频域一次只能表示有限长度的信号,即我们希望对一个有限时宽的信号,它的频域表示也是个有限长的,在离散情况下,一个有限长的时域序列能否表示为一个有限长的频域序列,这就是离散傅里叶变换要解决的问题。

在介绍离散傅里叶变换之前,先讨论周期序列与有限长序列的关系。一个 N 点序列 $f(n)$,若以 N 为周期做周期展开就构成一个周期为 N 的周期序列 $f_p(n)$,表示一个 N 点序列 $f(n)$ 周期性延拓的数学描述为

$$f_p(n) = f((n))_N \tag{4-29}$$

式中,$((n))_N$ 称为 n 对 N 取余数,也就是 n 被 N 除可得一个整数商 m 和一个介于 0～N 的整数余数 l,即

$$n = mN + l \tag{4-30}$$

式中,m 为整数(可正可负),l 也为整数且 $0 \leqslant l < N$。n 对 N 取余数就等于 l,即

$$((n))_N = l$$

例如,给定 $N=8$ 时,

当 $n=18$ 时,因为 $n=2\times8+2$,即 $m=2, l=2$,所以 $((18))_8=2$;

当 $n=-18$ 时,因为 $n=-3\times8+6$,即 $m=-3, l=6$,所以 $((-18))_8=6$;

当 $n=4$ 时,因为 $n=0\times8+4$,即 $m=0, l=4$,所以 $((4))_8=4$;

当 $n=-4$ 时,因为 $n=-1\times8+4$,即 $m=-1, l=4$,所以 $((-4))_8=4$。

一个 N 点序列通过周期性延拓可以得到一个周期序列。反之,一个周期序列取其主值区间内的值可以得到一个 N 点序列,即

$$f(n) = f_p(n)R_N(n) \tag{4-31}$$

式中,$R_N(n)=u(n)-u(n-N)$ 为一个矩形序列。

以上分析说明,一个周期序列与一个 N 点序列有唯一的对应关系,即

式(4-31)；反之，一个 N 点序列也与一个周期序列有唯一对应关系，即式(4-29)。

综上所述，可以看到时域与频域之间存在着这样的关系：一个时域 N 点序列 $f(n)$ 与一个时域周期序列 $f_{\mathrm{p}}(n)$ 存在着对应关系，而这个时域周期序列 $f_{\mathrm{p}}(n)$ 通过离散傅里叶级数与频域中的一个周期序列 $F_{\mathrm{p}}(k)$ 存在着对应关系，这个频域周期序列又与频域中的一个 N 点序列 $F(k)$ 对应，反之亦然。

图 4-1 清楚表示了上述关系，从图中可以看到时域中的一个 N 点序列 $f(n)$ 确实与频域中的一个 N 点序列 $F(k)$ 有唯一的对应关系，这个关系由离散傅里叶变换确定。

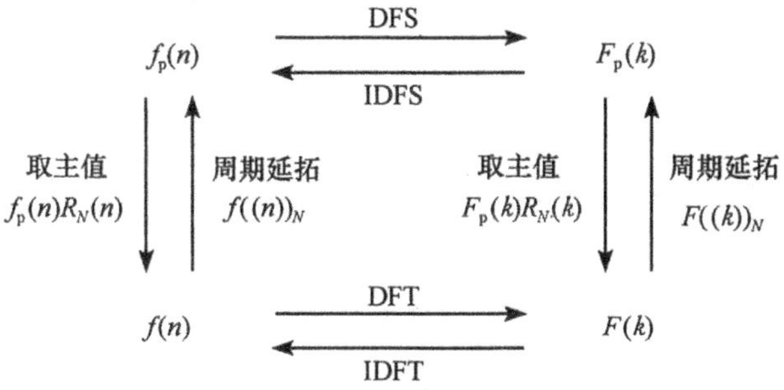

图 4-1　离散傅里叶变换

$$F(k)=\mathrm{DFT}[f(n)]=\begin{cases}\sum\limits_{n=0}^{N-1} f(n)W_N^{nk}, & 0\leqslant k\leqslant N-1\\ 0, & \text{其他}\end{cases}\tag{4-32}$$

$$f(n)=\mathrm{IDFT}[F(k)]=\begin{cases}\dfrac{1}{N}\sum\limits_{k=0}^{N-1} F(k)W_N^{-nk}, & 0\leqslant n\leqslant N-1\\ 0, & \text{其他}\end{cases}\tag{4-33}$$

式(4-32)和式(4-33)定义 N 点序列的离散傅里叶变换，从定义式可以看出 N 点序列 $f(n)$ 离散傅里叶变换 $F(k)$ 也是一个 N 点序列，但要注意从前面引入离散傅里叶变换的过程来看，离散傅里叶变换是隐含周期性的，因为取主值使得周期性表现不出来。

一个序列的傅里叶变换定义为

$$F(\mathrm{e}^{\mathrm{j}\omega})=\sum_{n=-\infty}^{\infty} f(n)\mathrm{e}^{-\mathrm{j}n\omega}\tag{4-34}$$

对于一个 N 点序列它的非零值区间为[0，$N-1$]，所以傅里叶变换为

$$F(\mathrm{e}^{\mathrm{j}\omega})=\sum_{n=0}^{N-1} f(n)\mathrm{e}^{-\mathrm{j}n\omega}\tag{4-35}$$

前面我们已经说明 $F(\mathrm{e}^{\mathrm{j}\omega})$ 是周期为 2π 的 ω 连续函数。若对连续变量 ω 做离散化

处理(即频域抽样),即令 $\omega=\frac{2\pi}{N}k$,这里 k 为整数,则式(4-35)可以写成

$$F_{\mathrm{p}}(k)=F(\mathrm{e}^{\mathrm{j}\omega})\mid_{\omega=\frac{2\pi}{N}k}=\sum_{n=0}^{N-1}f(n)\mathrm{e}^{-\mathrm{j}n\frac{2\pi}{N}k}=\sum_{n=0}^{N-1}f(n)W_N^{nk}$$

式中,离散信号的序列符号加了下标“p”,这是因为做这样的离散化处理得到的是一个周期序列,将上式与式(4-32)是比较可以看出在主值区间内[0,$N-1$],上述序列傅里叶变换的抽样值与序列的离散傅里叶变换是相等的,即

$$F(k)=F_{\mathrm{p}}(k)R_N(n) \tag{4-36}$$

由此可见,N 点序列的离散傅里叶变换实际上就是 N 点序列傅里叶变换的抽样$\left(\text{抽样间隔为 } \omega=\frac{2\pi}{N}\right)$序列的主值序列,这一事实也表明了序列的傅里叶变换与序列的离散傅里叶变换是两个不同的概念,切莫混为一谈。

现在我们将要讨论离散傅里叶变换的主要性质。

设

$$F_1(k)=\mathrm{DFT}[f_1(n)]$$
$$F_2(k)=\mathrm{DFT}[f_2(n)]$$

1. 线性特性

$$\mathrm{DFT}[af_1(n)+bf_2(n)]=aF_1(k)+bF_2(k) \tag{4-37}$$

式中,a 和 b 均为常数。注意式(4-37)中的 $f_1(n)$和 $f_2(n)$必须是等长度的 N 点序列。

2. 逆变换的另一种形式

$$f(n)=\frac{1}{N}\left[\sum_{k=0}^{N-1}F^*(k)W_N^{nk}\right]^*,\quad 0\leqslant n\leqslant N-1 \tag{4-38}$$

式中,“*”表示取共轭。这个公式意义在于告诉我们求序列的离散傅里叶变换及其逆变换可以用同一个程序来实现。

3. 圆周位移特性

序列的圆周移位(有时又称为循环移位)的定义为

$$y(n)=x((n-m))_N R_N(n) \tag{4-39}$$

式中,m 为常数,$x(n)$为 N 点序列。式(4-39)告诉我们,所谓圆周位移是将一个 N 点序列作周期延拓,然后移位并取主值序列,由此可见一个 N 点序列作圆周移位后仍为 N 点序列。

序列的圆周移位可以用图 4-2 来说明,当 $m<0$ 时,相当于坐标右移(或图形

左移)m 位；当 $m>0$ 时，相当于坐标左移(或图形右移)m 位；注意序列的位移 $f(n-m)$，相当于将原坐标原点移至 $n=-m$ 处。

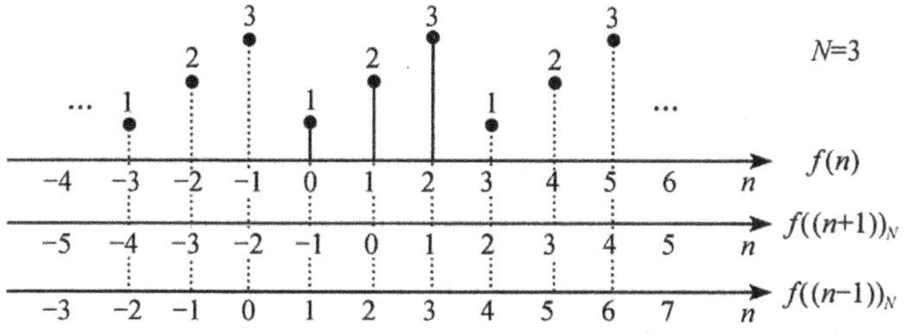

图 4-2　序列圆周位移

4. 圆周卷积特性

在学习傅里叶变换时，我们已经看到两个函数在时域中有卷积的关系，在频域中有乘积的关系，即

$$f_3(t)=f_1(t)*f_2(t)\xleftrightarrow{\mathscr{F}}F_3(\Omega)=F_1(\Omega)F_2(\Omega)$$

式中

$$F_1(\Omega)=\mathscr{F}[f_1(t)],\quad F_2(\Omega)=\mathscr{F}[f_2(t)],\quad F_3(\Omega)=\mathscr{F}[f_3(t)]$$

这就是傅里叶变换时域卷积定理。

两个 N 点序列的离散傅里叶变换为

$$F_1(k)=\mathrm{DFT}[f_1(n)]_N\ 和\ F_2(k)=\mathrm{DFT}[f_2(n)]_N$$

$F_1(k)$和 $F_2(k)$均是 N 点频域序列，显然它们的乘积 $F_3(\Omega)=F_1(\Omega)F_2(\Omega)$也是 N 点频域序列，根据离散傅里叶变换的定义知道，在时域中一定存在着一个 N 点序列 $f_3(n)$与 $F_3(k)$形成唯一的映射关系，即

$$F_3(k)=\mathrm{DFT}[f_3(n)]_N$$

现在研究三个时域 N 点序列 $f_3(n)$与 $f_1(n)$和 $f_2(n)$存在着什么样的关系。

因为

$$\begin{aligned}f_3(n)&=\frac{1}{N}\sum_{k=0}^{N-1}F_3(k)W_N^{-nk}R_N(n)\\&=\frac{1}{N}\sum_{k=0}^{N-1}F_1(k)F_2(k)W_N^{-nk}R_N(n)\end{aligned}$$

而

$$F_1(k)=\sum_{m=0}^{N-1}f_1(m)W_N^{mk}$$

则

$$f_3(n) = \frac{1}{N}\sum_{k=0}^{N-1}\Big[\sum_{m=0}^{N-1} f_1(m)W_N^{mk}F_2(k)\Big]W_N^{-nk}R_N(n)$$

交换求和次序

$$f_3(n)=\frac{1}{N}\sum_{k=0}^{N-1}\Big[\sum_{m=0}^{N-1} f_1(m)W_N^{mk}F_2(k)\Big]W_N^{-nk}R_N(n)$$

$$f_3(n)=\sum_{m=0}^{N-1} f_1(m)\Big[\frac{1}{N}\sum_{k=0}^{N-1} F_2(k)W_N^{mk}W_N^{-nk}\Big]R_N(n)$$

$$f_3(n)=\sum_{m=0}^{N-1} f_1(m)\Big[\frac{1}{N}\sum_{k=0}^{N-1} F_2(k)W_N^{(n-m)k}\Big]R_N(n)$$

因为

$$f_2(n) = \frac{1}{N}\sum_{k=0}^{N-1} F_2(k)W_N^{-nk}R_N(n)$$

当上式中没有矩形窗的限制时，实际上表示的就是 N 点序列 $f_2(n)$ 的周期性展开，即

$$f_2\ ((n))_N = \frac{1}{N}\sum_{k=0}^{N-1}F_2(k)W_N^{-nk}$$

于是

$$f_3(n) = \sum_{m-0}^{N-1} f_1(m)f_2\ ((n-m))_N R_N(n) \tag{4-40}$$

这个结果与我们前面学习过的线性卷积 $y(n)=\sum\limits_{m=-\infty}^{\infty} x(m)h(n-m)$ 具有相似的计算结构，称之为圆周卷积，有些书上称之为循环卷积。

前面的讨论可以得到这样的结论：两个 N 点序列圆周卷积的离散傅里叶变换等于这两个序列离散傅里叶变换的乘积。换句话说，两个 N 点序列在时域时圆周卷积的关系，在频域是乘积的关系。

注意现在讨论的圆周卷积与前面介绍的线性卷积有以下几点不同：

(1) 圆周卷积参加运算的两个序列必须是同长度的 N 点序列，得到的仍然是个 N 点序列。线性卷积则没有这个限制。

(2) 圆周卷积的求和区间是确定的$[0,N-1]$，而线性卷积是个无穷区间，在实际计算时要根据求和函数非零值取值区间来确定求和区间。

(3) 圆周卷积和线性卷积一样符合交换律.分配律和结合律。

有些时候序列的圆周卷积用符号表示，即

$$f_3(n) = f_1(n)\circledast f_2(n)$$

现在通过一个实例说明圆周卷积的计算方法。设 $f_1(n)$和 $f_2(n)$均为 6 点序列，如图 4-3 所示。

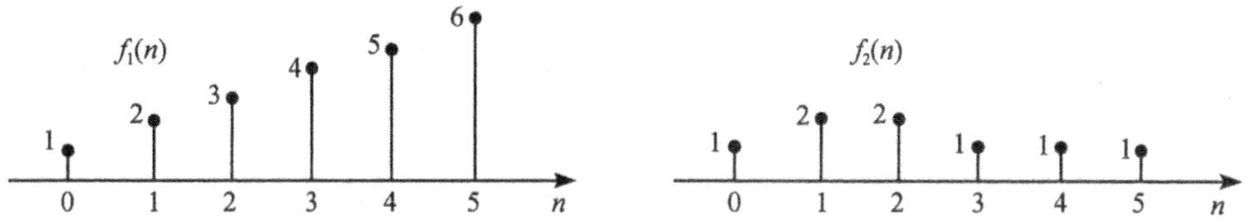

图 4-3　两个 N 序列

仿照线性卷积的计算方法，圆周卷积可以按照以下步骤计算：

(1) 写出圆周卷积的计算公式

$$f_3(n)=\sum_{m=0}^{N-1}f_1(m)f_2((n-m))_N$$

本例题中 $N=6$。

(2) 画出 $f_1(m)$和 $f_2(m)$的草图，将图 4-3 中的 n 改成m 即可。

(3) 画出 $f_2((m))_N$ 的草图，即将 $f_2(m)$以 N 为周期做周期性延拓，如图 4-4 所示。

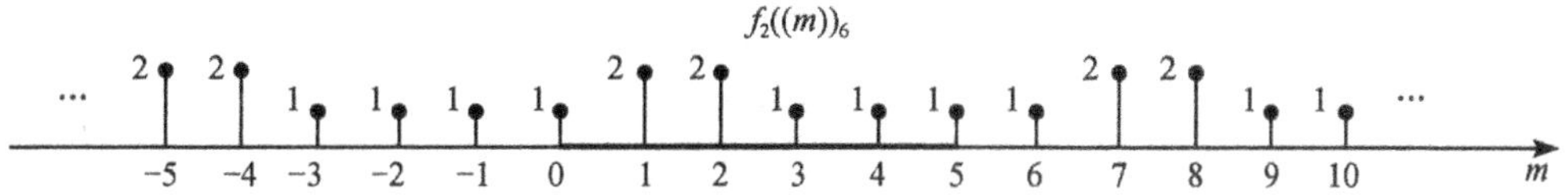

图 4-4　$f_2(m)$的周期性延拓

实际上在进行圆周卷积计算时，周期性延拓只要画出主值区间内的值和负区间内的第一个周期的值即可。

(4) 画出 $f_2((-m))_N$ 的草图，即将 $f_2((m))_N$ 以 $m=0$ 为对称点，翻转 180° 即可。

(5) 画出 $f_2((n-m))_N$ 的草图，即将 $f_2((-m))_N$ 图形的坐标原点改为 n，如图 4-5 所示。

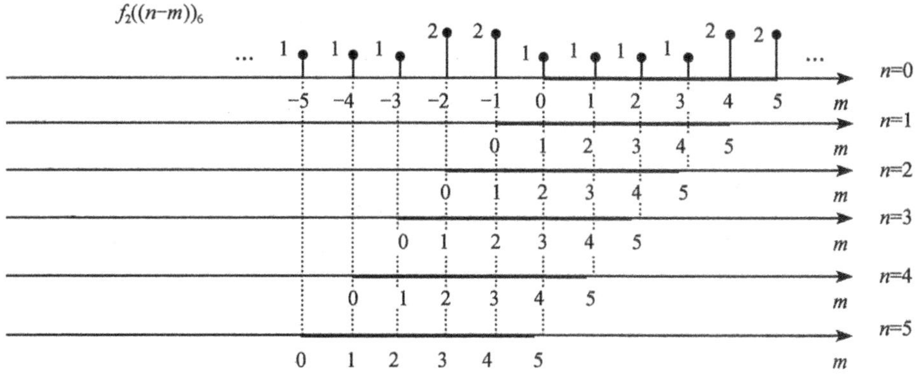

图 4-5　圆周卷积的计算

(6) 通过以上工作得到 $f_1(m)$和 $f_2((n-m))_N$ 的草图。现在研究当 $n=0,1,2,\cdots,N-1$ 时，$f_1(m)$与 $f_2((n-m))_N$ 在区间$[0,N-1]$上(指变量 m)逐点相乘并求和，即得到相应圆周卷积值 $f_3(m)$，即

$$f_3(0)=1\times1+2\times1+3\times1+4\times1+5\times2+6\times2=32$$
$$f_3(1)=1\times2+2\times1+3\times1+4\times1+5\times1+6\times2=28$$
$$f_3(2)=1\times2+2\times2+3\times1+4\times1+5\times1+6\times1=24$$
$$f_3(3)=1\times1+2\times2+3\times2+4\times1+5\times1+6\times1=26$$
$$f_3(4)=1\times1+2\times1+3\times2+4\times2+5\times1+6\times1=28$$
$$f_3(5)=1\times1+2\times1+3\times1+4\times2+5\times2+6\times2=30$$

5. 利用圆周卷积求线性卷积

如上所述，两个序列的圆周卷积可以通过它们的离散傅里叶乘积的反离散傅里叶变换得到，离散傅里叶变换和反离散傅里叶变换又可用其快速算法 FFT 来计算，所以如果线性卷积能够用圆周卷积来实现，则可利用高效的 FFT 算法计算线性卷积，从而可以大大提高计算效率。下面就来讨论如何用圆周卷积计算线性卷积的问题。

已知离散线性移不变系统的单位抽样响应为 $h(n)$，当给定输入 $x(n)$时，系统的输出可以由以下卷积求出：

$$y(n)=x(n)*h(n)$$

假定 $x(n)$是个 N 点序列，$h(n)$为 M 点序列，则可以肯定 $x(n)$与 $h(n)$的线性卷积也一定是个有限长序列。这是因为

$$y(n)=\sum_{m=-\infty}^{\infty}x(m)h(n-m)$$

而 $x(n)$的非零值区间为 $N-1\geqslant m\geqslant0$，$h(n-m)$的非零值区间为 $M-1\geqslant n-m\geqslant0$。

将这两个不等式相加，有 $N+M-2\geqslant n\geqslant0$，这就是 $y(n)$可能取非零值的区间，其长度为 $N+M-1$，在这个区间以外，不是 $x(m)$等于零，就是 $h(n-m)$等于零，因而卷积 $y(n)=0$。

根据以上分析可知，N 点序列 $x(n)$与 M 点序列 $h(n)$的线性卷积得到一个 $N+M-1$点序列 $y(n)$。为了寻找圆周卷积与循环卷积的关系，令

$$x_1(n)=\begin{cases}x(n), & N-1\geqslant n\geqslant0\\0, & N+M-2\geqslant n\geqslant N\end{cases}\tag{4-41}$$

即 $x(n)$补 $M-1$ 个零点构成 $N+M-1$ 点有限长序列 $x_1(n)$，令

$$x_2(n)=\begin{cases}h(n), & M-1\geqslant n\geqslant0\\0, & N+M-2\geqslant n\geqslant M\end{cases}\tag{4-42}$$

即 $h(n)$补 $N-1$ 个零点构成 $N+M-1$ 点有限长序列 $x_2(n)$。这样 $x_1(n)$和$x_2(n)$均为 $N+M-1$ 点的有限长序列，它们的圆周卷积也 $x_3(n)$是个 $L=N+M-1$ 点序列与 $y(n)$一样长。我们现在逐点比较 $x_3(n)$与 $y(n)$的关系。

因为

$$y(n)=\sum_{m=-\infty}^{\infty}x(m)h(n-m)\qquad\text{线性卷积}$$

$$x_3(n)=\sum_{m=0}^{L-1}x_1(m)x_2((n-m))_L\qquad\text{圆周卷积}$$

假定 $h(n)$和 $x(n)$的图形如图 4-6 所示。根据线性卷积和圆周卷积公式分别计算 $y(n)$和 $x_3(n)$，如图 4-7 所示。

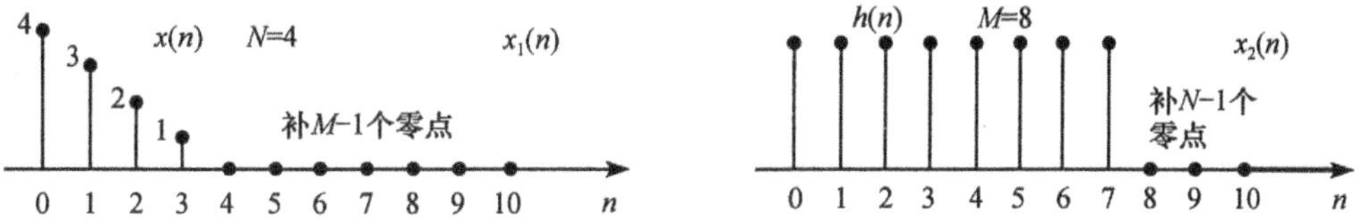

图 4-6　给定序列

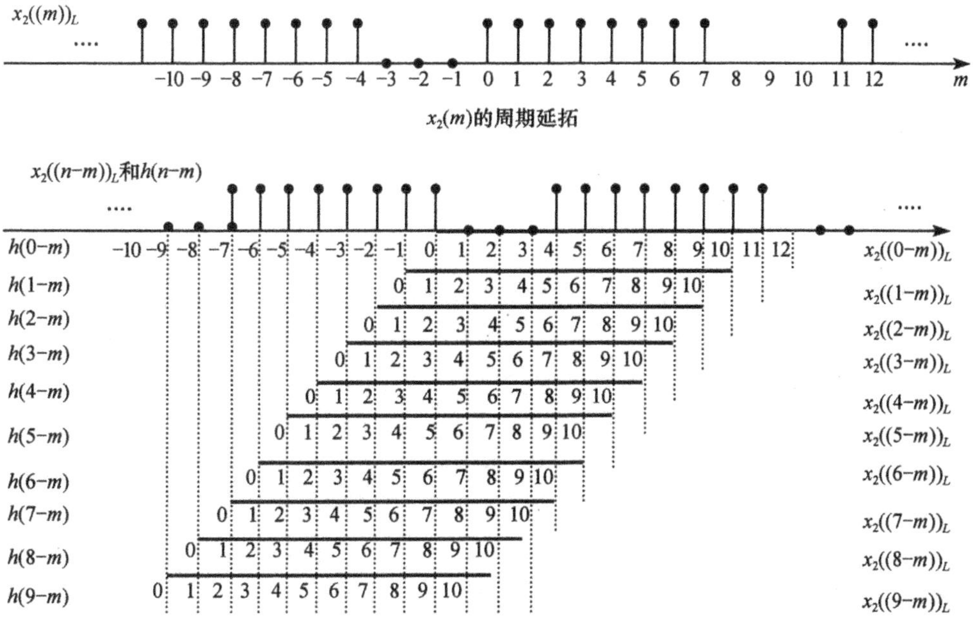

图 4-7　线性卷积与圆周卷积

当 $N-1 \geqslant n \geqslant 0$ 时，圆周卷积 $x_1(m)$ 与 $x_2((n-m))_L$ 在 $n \geqslant m \geqslant 0$ 区间上有非零值交点，并且相交的情况如同线性卷积 $x(m)$ 与 $h(n-m)$ 在 $N-1 \geqslant n \geqslant 0$ 区间上非零值相交的情况。所以在这个区间内圆周卷积与线性卷积相等。

当 $M-1 \geqslant n \geqslant N$ 时，圆周卷积 $x_1(m)$ 与 $x_2((n-m))_L$ 在 $N-1 \geqslant m \geqslant 0$ 上有非零值交点，并且相交的情况如同线性卷积 $x(m)$ 与 $h(n-m)$ 在同一区间上非零值相交的情况。所以在这个区间内圆周卷积与线性卷积相等。

当 $N+M-2 \geqslant n \geqslant M$ 时，圆周卷积 $x_1(m)$ 与 $x_2((n-m))_L$ 在 $N-1 \geqslant m \geqslant n-(M-1)$ 上有非零值交点，并且相交的情况如同线性卷积 $x(m)$ 与 $h(n-m)$ 在同一区间上非零值相交的情况。所以在这个区间内圆周卷积与线性卷积相等。

综上分析可见，$y(n)=x_3(n)$，即在这种情况下线性卷积与圆周卷积完全相等。一般来说，若 $x_1(n)$ 是个 N 点序列，$x_2(n)$ 是个 M 点序列，则通过补零的方法将 $x_1(n)$ 和 $x_2(n)$ 延长为 $L(L \geqslant M+N-1)$ 点的序列，则 $x_1(n)$ 与 $x_2(n)$ 的 L 点圆周卷积就等于 $x_1(n)$ 与 $x_2(n)$ 的线性卷积。

4.4 快速傅里叶变换

如前所述，一个 N 点序列 $x(n)$ 和一个 M 点序列 $h(n)$ 的线性卷积

$$y(n) = \sum_{m=-\infty}^{\infty} x(m)h(n-m)$$

可以这样来计算：

(1) 用补零的方法式(4-41)和式(4-42)构造两个 $L=N+M-1$ 点序列 $x_1(n)$ 和 $x_2(n)$；

(2) 分别求出 $x_1(n)$ 和 $x_2(n)$ 序列的 L 点离散傅里叶变换 $X_1(k)$ 和 $X_2(k)$；

(3) 求 $X_3(k)=X_1(k)X_2(k)$；

(4) 求离散傅里叶变换的逆变换就得到线性卷积 $y(n)$，即

$$y(n) = \mathrm{IDFT}[X_3(k)]$$

上述计算过程表面上看来很不经济，计算的关键是离散傅里叶变换。事实上很久以来人们一直被离散傅里叶计算效率所困扰，傅里叶变换的应用受到限制。直到 1965 年 Cooly 和 Tukey 发表了一篇题为：*An Algorithm for the Machine Calculation of Fourier Series* 的论文。这篇文章的发表标志着人们已经发现了 DFT 的快速算法(Fast Fourier Transform，FFT)。自此以后，关于 FFT 算法的研究论文如雨后春笋层出不穷，至今 FFT 算法已经发展得很成熟，对于傅里叶变换的工程应用起到了极大的推动作用。傅里叶变换的分析方法已经成为解决科学和工程问题的重要技术手段。

因为FFT算法现在很成熟，在互联网上很容易获得各种实用的FFT算法，下面简要介绍实现FFT算法的基本思想。

离散傅里叶变换的定义为

$$X(k)=\sum_{n=0}^{N-1}x(n)W_N^{nk},\quad k=0,1,2,\cdots,N-1 \tag{4-43}$$

式中，旋转因子 $W_N=e^{-j\frac{2\pi}{N}}$ 是个复数，离散傅里叶变换的反变换为

$$x(n)=\frac{1}{N}\sum_{k=0}^{N-1}X(k)W_N^{-nk},\quad n=0,1,2,\cdots,N-1 \tag{4-44}$$

式中，$x(n)$和$X(k)$都可以看成复数序列。前面已经介绍过离散傅里叶变换的反变换可以由式(4-38)实现，所以下面仅研究式(4-43)的快速算法。

式(4-43)实际上是个代数和的计算，对于每个k值，根据式(4-43)可以算出一个$X(k)$值，式(4-43)和式(4-44)中有N项，每计算一个$X(k)$值需要做N复数乘法和$N-1$次复数加法，$X(k)$共有N个值，因此一个N的离散傅里叶变换需要做N^2复数乘法和$N(N-1)$复数加法。当$N\gg1$时，复数乘法和复数加法均与N^2成正比。

观察下面的代数方程

$$ab+ac=a(b+c) \tag{4-45}$$

从数学上将这个代数方程的等式两边是相等，然而从计算机算法上讲等式两边的计算效率是不同的。式(4-45)的左边计算需要2次乘法和1次加法，而右边的计算只需要1次加法和1次乘法，显然右边算式的效率要高于左边的算式。实际上，右边算式提高效率的基本方法就是代数算式中的公因式的提取。

现在研究式(4-43)中的系数W_N^{nk}，在给定k值下，在计算式(4-43)时W_N^{nk}有N个独立取值，即W_N^{nk}的只有$W_N^0,W_N^1,W_N^2,\cdots,W_N^{N-1}$取值。注意到$W_N^{nk}$的两个特性：

(1) 对称性

$$W_N^{k(N-n)}=W_N^{-nk}=(W_N^{nk})^*$$

(2) 周期性

$$W_N^{k(n+N)}=W_N^{nk}=W_N^{n(k+N)}$$

例如，当$N=4$时，有$W_4^6=W_4^2$和$W_4^9=W_4^1$，而$W_4^3=-W_4^1$和$W_4^2=-W_4^0$。

由此可见，利用旋转因子的对称性以及周期性在计算式(4-43)时运用代数算式的公因式提取法可以提高计算效率。下面介绍两个最常用的基－2FFT算法，进一步阐述快速算法的基本原理。下面的阐述中假定N为2的整次幂，即$N=2^\gamma$，这里γ为整数。

4.4.1 按时间抽取的 FFT 算法

$$X(k)=\sum_{n=0}^{N-1}x(n)W_N^{nk},\quad k=0,1,2,\cdots,N-1$$

将 $x(n)$分解成 n 为偶数(even)与奇数(odd)的两序列之和,上式可写成

$$X(k)=\sum_{n=\mathrm{even}}x(n)W_N^{nk}+\sum_{n=\mathrm{odd}}x(n)W_N^{nk}$$

当 n 为偶数时,令 $n=2r$,n 为奇数时,令 $n=2r+1$,这里 r 为整数,则

$$\begin{aligned}X(k)&=\sum_{r=0}^{\frac{N}{2}-1}x(2r)W_N^{2rk}+\sum_{r=0}^{\frac{N}{2}-1}x(2r+1)W_N^{(2r+1)k}\\&=\sum_{r=0}^{\frac{N}{2}-1}x(2r)(W_N^2)^{rk}+\sum_{r=0}^{\frac{N}{2}-1}x(2r+1)(W_N^2)^{rk}W_N^k\end{aligned}$$

因为

$$W_N^2=\mathrm{e}^{-\mathrm{j}\frac{2\pi}{N}2}=\mathrm{e}^{-\mathrm{j}\frac{2\pi}{\frac{N}{2}}}=W_{\frac{N}{2}}$$

又令

$$x_1(r)=x(2r),\qquad r=0,1,2,\cdots,\frac{N}{2}-1$$

$$x_2(r)=x(2r+1),\quad r=0,1,2,\cdots,\frac{N}{2}-1$$

则

$$X(k)=\sum_{r=0}^{\frac{N}{2}-1}x_1(r)W_{\frac{N}{2}}^{rk}+W_N^k\sum_{r=0}^{\frac{N}{2}-1}x_2(r)W_{\frac{N}{2}}^{rk}$$

令

$$X_1(k)=\sum_{r=0}^{\frac{N}{2}-1}x_1(r)W_{\frac{N}{2}}^{rk},\quad k=0,1,2,\cdots,N-1 \tag{4-46}$$

$$X_2(k)=\sum_{r=0}^{\frac{N}{2}-1}x_2(r)W_{\frac{N}{2}}^{rk},\quad k=0,1,2,\cdots,N-1 \tag{4-47}$$

所以有

$$X(k)=X_1(k)+W_N^kX_2(k),\quad k=0,1,2,\cdots,N-1 \tag{4-48}$$

若将式(4-46)和式(4-47)中 k 的取值限制在$\left[0,\frac{N}{2}-1\right]$,则 $X_1(k)$和 $X_2(k)$就是两个$\frac{N}{2}$点序列的离散傅里叶变换,即

$$X_1(k)=\mathrm{DFT}\left[x_1(r)\right]_{\frac{N}{2}} \tag{4-49}$$

$$X_2(k) = \text{DFT}[x_2(r)]_{\frac{N}{2}} \tag{4-50}$$

为了将式(4-48)中的 k 的取值范围限制在 $\left[0,\frac{N}{2}-1\right]$ 中，可以将 N 个 $X(k)$ 分为两段来表示

$$X(k) = X_1(k) + W_N^k X_2(k) \tag{4-51}$$

$$X\left(k+\frac{N}{2}\right) = X_1\left(k+\frac{N}{2}\right) + W_N^{k+\frac{N}{2}} X_2\left(k+\frac{N}{2}\right) \tag{4-52}$$

式中，k 在 $\left[0,\frac{N}{2}-1\right]$ 范围内取值。注意到离散傅里叶变换隐含的周期性，即

$$X_1\left(k+\frac{N}{2}\right) = X_1(k)$$

$$X_2\left(k+\frac{N}{2}\right) = X_2(k)$$

此外，因 $W_N^{k+\frac{N}{2}} = W_N^k W_N^{\frac{N}{2}} = -W_N^k$，所以式(4-52)可以写成

$$X\left(k+\frac{N}{2}\right) = X_1(k) - W_N^k X_2(k), \quad k = 0,1,\cdots,\frac{N}{2}-1 \tag{4-53}$$

式(4-51)和式(4-53)用两个 $\frac{N}{2}$ 点序列离散傅里叶变换构成了一个 N 点序列的离散傅里叶变换。

现在讨论用两个 $\frac{N}{2}$ 点序列离散傅里叶变换构成了一个 N 点序列的离散傅里叶变换所需要的计算量。根据前面讨论离散傅里叶变换计算量的结果可知，做两个 $\frac{N}{2}$ 点序列离散傅里叶变换需要 $2\left(\frac{N}{2}\right)^2 = \frac{N^2}{2}$ 次复数乘法和 $2\,\frac{N}{2}\left(\frac{N}{2}-1\right) = N\left(\frac{N}{2}-1\right)$ 次复数加法，另外计算式(4-51)和式(4-53)需要 $\frac{N}{2}$ 复数乘法和 N 次复数加法，于是总的计算量为(假定 $N \gg 1$)

复数乘法　$$\frac{N^2}{2} + \frac{N}{2} = \frac{N(N+1)}{2} \approx \frac{N^2}{2}$$

复数加法　$$N\left(\frac{N}{2}-1\right) + N = \frac{N^2}{2}$$

由此可见，将一个 N 点序列的离散傅里叶变换分解为两个 $\frac{N}{2}$ 点序列离散傅里叶变换的组合可以提高效率近 1 倍。注意到前面已经假定 N 为 2 的整次幂，所以 $\frac{N}{2}$ 仍然是偶整数，在计算 $\frac{N}{2}$ 点序列离散傅里叶变换时再一次运用前面讲述的分解

方法，可以进一步提高计算效率，如此分解下去最终计算$\frac{N}{2}$个 2 点的离散傅里叶变换。当 $N=2^\gamma$ 时，这种分解计算所需的复数乘法和复数加法约为 $N\log_2 N=\gamma N$。表 4-1 给出 N 取不同值时，FFT 的计算效率比较，从表中可以清楚地看到，当 N 较大时，FFT 算法明显地提高了计算效率。

表 4-1

N	直接计算 N^2	FFT 算法 $N\log_2 N$	提高效率 $\frac{N^2}{N\log_2 N}$
2	4	2	2
64	4096	384	10.7
1024	1048576	10240	102.4
2048	4194304	22528	186.2

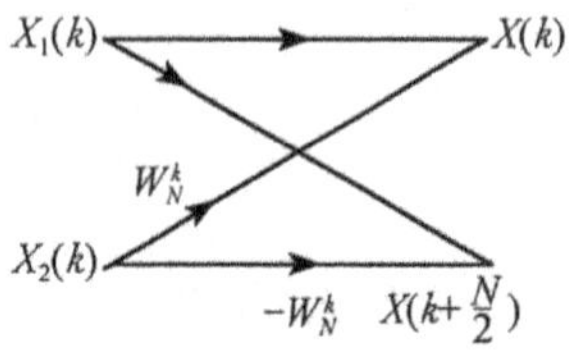

图 4-8　蝶形计算结构

式(4-51)和式(4-53)也可以用一个蝶形结构的信号流图表示，如图 4-8 所示。关于信号流图有必要作以下几点说明：

(1) 每条支路都用箭头标出信号传输方向，箭头旁标出改支路的传输比。当支路的传输比为 1 时，可以省略传输比。

(2) 每个节点的输出都相等，且等于所有输入信号之和。

(3) 如果输入节点的支路只有一条，且支路的传输比为 1，则该支路可以省略，而将输入变量直接标在节点附近。

现在以 $N=2^3=8$ 为例，讨论 FFT 算法的实现。8 点的离散傅里叶变换按如下所示进行分解：

$$
x(n)\begin{cases} x(0)\\ x(1)\\ x(2)\\ x(3)\\ x(4)\\ x(5)\\ x(6)\\ x(7) \end{cases}
\Rightarrow
\begin{matrix}
x_1(r)\begin{cases} x_1(0)=x(0)\\ x_1(1)=x(2)\\ x_1(2)=x(4)\\ x_1(3)=x(6) \end{cases}\\
x_2(r)\begin{cases} x_2(0)=x(1)\\ x_2(1)=x(3)\\ x_2(2)=x(5)\\ x_2(3)=x(7) \end{cases}
\end{matrix}
\Rightarrow
\begin{matrix}
x_3(l)\begin{cases} x_3(0)=x_1(0)=x(0)\\ x_3(1)=x_1(2)=x(4) \end{cases}\\
x_4(l)\begin{cases} x_4(0)=x_1(1)=x(2)\\ x_4(1)=x_1(3)=x(6) \end{cases}\\
x_5(l)\begin{cases} x_5(0)=x_2(0)=x(1)\\ x_5(1)=x_2(2)=x(5) \end{cases}\\
x_6(l)\begin{cases} x_6(0)=x_2(1)=x(3)\\ x_6(1)=x_2(3)=x(7) \end{cases}
\end{matrix}
$$

注意分解次序是由 8 点序列的 DFT 分解成 4 点序列的 DFT 的组合，再分解成 2 点序列的 DFT 的组合。然而在实际计算时，顺序刚好相反，即先求 2 点的 DFT，再求 4 点的 DFT，最后求出 8 点的 DFT，如图 4-9 所示。

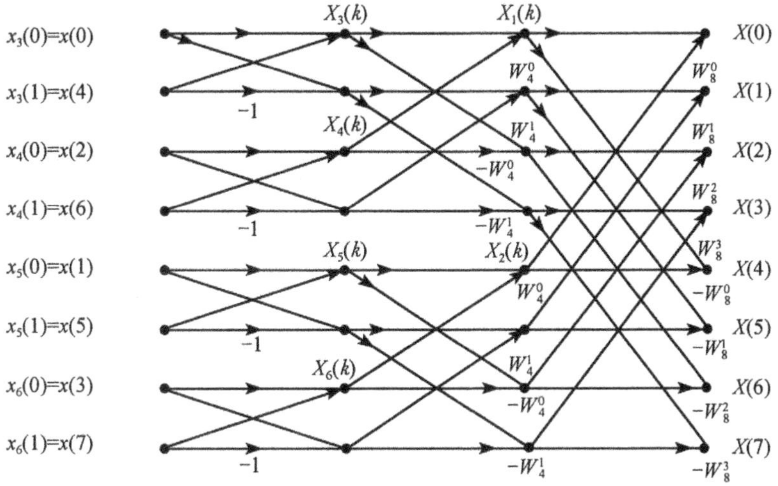

图 4-9　按时间抽取的 8 点 FFT 算法

在如图 4-9 所示按时间抽取的 8 点 FFT 算法中第一级有 4 个 2 点的 DFT 计算，由于按时间抽取分解的原因，输入信号的顺序是

$$x(0)\quad x(4)\quad x(2)\quad x(6)\quad x(1)\quad x(5)\quad x(3)\quad x(7)$$

8 点序列共有 8 个元素，可用 3 位二进制数表示，如图 4-10 所示。

输入信号顺序	0	4	2	6	1	5	3	7
二进制数	000	100	010	110	001	101	011	111
二进倒序	000	001	010	011	100	101	110	111
自然顺序	0	1	2	3	4	5	6	7

图 4-10　二进制倒序数

从图 4-10 中可以看出，将二进制数按位倒序（即颠倒前后顺序），则倒序后的二进制数对应的十进制数就是自然顺序的数。我们把输入信号的顺序数称为二进制倒序数，注意二进制倒序数是对称的，如图 4-10 所示，1 的二进制倒序数是 4，而 4 的二进制倒序数也是 1，再如 3 的二进制倒序数是 6，反之 6 的二进制倒序数是 3。

按时间抽取的 8 点 FFT 算法的输入倒序这一现象具有普遍性，事实上，当 N 为 2 的整次幂时，按照式(4-51)和式(4-53)抽取的 FFT 算法，其输入序列均应按二进制倒序。如果 $N=2^\gamma$，则必须用 γ 位的二进制数表示十进制自然顺序数，然后按位倒序求出二进制倒序数。在实际工程应用中有许多种二进制倒序数的求法，在这里仅介绍一种递推的二进制倒序数算法。

在图 4-11 中，N 为数据长度，设为 $N=2^\gamma$，n_γ 为第 γ 级的自然顺序数，m_γ 为第 γ 级的二进制倒序数。从图 4-11 中可以看出，0 级（递推的起始级）自然数只有一

N	γ	自然顺序 n_γ / 二进制倒序 m_γ	
1	0	n_0	0
		m_0	0
2	1	n_1	0 1
		m_1	0 1
4	2	n_2	0 1 2 3
		m_2	0 2 1 3
8	3	n_3	0 1 2 3 4 5 6 7
		m_3	0 4 2 6 1 5 3 7
16	4	n_4	0 1 2 3 4 5 6 7 8 9 10 11 12 13 14 15
		m_4	0 8 4 12 2 10 6 14 1 9 5 13 3 11 7 15

图 4-11　二进制倒序数的递推算法

个 0，二进制倒序数自然也就是它本身，即 $m_0=n_0$，以后每一级的前$\frac{N}{2}$个二进制倒序数是上一级二进制倒序数乘 2，即

$$m_\gamma = m_{\gamma-1} * 2, \quad 0 \leqslant n_\gamma \leqslant 2^{\gamma-1}-1$$

而后$\frac{N}{2}$个二进制倒序数是上一级二进制倒序数乘 2 加 1，即

$$m_\gamma = m_{\gamma-1} * 2 + 1, \quad 2^{\gamma-1} \leqslant n_\gamma \leqslant 2^\gamma - 1$$

如图 4-11 所示，已知 $\gamma=4$ 时，3 的二进制倒序数是 12、13 的二进制倒序数是 11，由此我们可以推出当 $\gamma=5$ 时，3 的二进制倒序数是 24、13 的二进制倒序数是 22、19 的二进制倒序数是 25、29 的二进制倒序数是 23。

4.4.2　按频率抽取的 FFT 算法

以上介绍的 FFT 算法是以 n 的奇偶性进行分解的算法，n 在序列信号表示中代表时间所以称之为按时间抽取的 FFT 算法。同样的根据代表频率的 k 的奇偶性，也可以导出相应的 FFT 算法。下面就介绍一种按频率抽取的基－2FFT 算法。同样假定 N 为 2 的整次幂，设为 $N=2^\gamma$，γ 为整数。

N 点序列的离散傅里叶变换为

$$X(k) = \sum_{n=0}^{N-1} x(n) W_N^{nk}, \quad k = 0,1,2,\cdots,N-1$$

将这个和式分解成前一半和与后一半和两个和式，即

$$\begin{aligned} X(k) &= \sum_{n=0}^{\frac{N}{2}-1} x(n) W_N^{nk} + \sum_{n=\frac{N}{2}}^{N-1} x(n) W_N^{nk} \\ &= \sum_{n=0}^{\frac{N}{2}-1} x(n) W_N^{nk} + \sum_{n=0}^{\frac{N}{2}-1} x\left(n+\frac{N}{2}\right) W_N^{\left(n+\frac{N}{2}\right)k} \end{aligned}$$

$$= \sum_{n=0}^{\frac{N}{2}-1} x(n)W_N^{nk} + W_N^{\frac{N}{2}k}\sum_{n=0}^{\frac{N}{2}-1} x\left(n+\frac{N}{2}\right)W_N^{nk}$$

$$= \sum_{n=0}^{\frac{N}{2}-1}\left[x(n) + W_N^{\frac{N}{2}k}x\left(n+\frac{N}{2}\right)\right]W_N^{nk}$$

因为

$$W_N^{\frac{N}{2}k} = (-1)^k$$

所以

$$X(k) = \sum_{n=0}^{\frac{N}{2}-1}\left[x(n) + (-1)^k x\left(n+\frac{N}{2}\right)\right]W_N^{nk} \tag{4-54}$$

当 k 为偶数时，令 $k=2r, r=0,1,\cdots,\frac{N}{2}-1$，式(5-54)可以写成

$$X(2r) = \sum_{n=0}^{\frac{N}{2}-1}\left[x(n) + x\left(n+\frac{N}{2}\right)\right]W_N^{n2r}$$

$$= \sum_{n=0}^{\frac{N}{2}-1}\left[x(n) + x\left(n+\frac{N}{2}\right)\right]W_{\frac{N}{2}}^{nr} \tag{4-55}$$

当 k 为奇数时，令 $k=2r+1, r=0,1,\cdots,\frac{N}{2}-1$，式(5-54)可以写成

$$X(2r+1) = \sum_{n=0}^{\frac{N}{2}-1}\left[x(n) - x\left(n+\frac{N}{2}\right)\right]W_N^{n(2r+1)}$$

$$= \sum_{n=0}^{\frac{N}{2}-1}\left[x(n) - x\left(n+\frac{N}{2}\right)\right]W_N^n W_{\frac{N}{2}}^{nr} \tag{4-56}$$

令

$$x_1(n) = x(n) + x\left(n+\frac{N}{2}\right),\quad n = 0,1,\cdots,\frac{N}{2}-1$$

$$x_2(n) = \left[x(n) - x\left(n+\frac{N}{2}\right)\right]W_N^n,\quad n = 0,1,\cdots,\frac{N}{2}-1$$

再做两个$\frac{N}{2}$点的离散傅里叶变换，即

$$X_1(r) = \sum_{n=0}^{\frac{N}{2}-1} x_1(n)W_{\frac{N}{2}}^{nr},\quad r = 0,1,\cdots,\frac{N}{2}-1 \tag{4-57}$$

$$X_2(r) = \sum_{n=0}^{\frac{N}{2}-1} x_2(n)W_{\frac{N}{2}}^{nr},\quad r = 0,1,\cdots,\frac{N}{2}-1 \tag{4-58}$$

式(4-55)与式(4-57)比较，以及式(4-56)与式(4-58)比较可知

$$X(2r)=X_1(r)$$

和

$$X(2r+1)=X_2(r)$$

这就是说 $X_1(r)$ 给出了 N 点离散傅里叶变换 $X(k)$ 的偶数点值，$X_2(r)$ 给出了 N 点离散傅里叶变换 $X(k)$ 的奇数点值。

至此，根据 k 的奇偶性将 N 点离散傅里叶变换 $X(k)$ 分解成两个 $\frac{N}{2}$ 点的离散傅里叶变换的计算，由前面相类似的分析，这样的计算方法可以提高近一倍的效率。因为已经假定 N 为 2 的整次幂，所以这样的分解还可以继续下去，直至 2 点的 DFT。

下面以 $N=8$ 为例，讨论按频率抽取的 8 点 FFT 算法。

第一级运算：由 N 点序列 $x(n)$ 构造两个 $\frac{N}{2}$ 点的序列，即

$$x_1(n)\begin{cases}x_1(0)=x(0)+x(4)\\x_1(1)=x(1)+x(5)\\x_1(2)=x(2)+x(6)\\x_1(3)=x(3)+x(7)\end{cases},\quad x_2(n)\begin{cases}x_2(0)=[x(0)-x(4)]W_8^0\\x_2(1)=[x(1)-x(5)]W_8^1\\x_2(2)=[x(2)-x(6)]W_8^2\\x_2(3)=[x(3)-x(7)]W_8^3\end{cases}$$

第二级运算：由 $x_1(n)$ 和 $x_2(n)$ 构造 4 个 $\frac{N}{4}$ 点的序列，即

$$x_3(n)\begin{cases}x_3(0)=x_1(0)+x_1(2)\\x_3(1)=x_1(1)+x_1(3)\end{cases},\quad x_4(n)\begin{cases}x_4(0)=[x_1(0)-x_1(2)]W_4^0\\x_4(1)=[x_1(1)-x_1(3)]W_4^1\end{cases}$$

$$x_5(n)\begin{cases}x_5(0)=x_2(0)+x_2(2)\\x_5(1)=x_2(1)+x_2(3)\end{cases},\quad x_6(n)\begin{cases}x_6(0)=[x_2(0)-x_2(2)]W_4^0\\x_6(1)=[x_2(1)-x_2(3)]W_4^1\end{cases}$$

因为 $x_3(n)$，$x_4(n)$，$x_5(n)$ 和 $x_6(n)$ 均为 2 点序列，所以第三级运算就是计算 4 个 2 点的 DFT，即

$$X_3(l)=\sum_{n=0}^{1}x_3(n)W_2^{nl}\quad\begin{cases}X_3(0)=x_3(0)+x_3(1)\\X_3(1)=x_3(0)-x_3(1)\end{cases}$$

$$X_4(l)=\sum_{n=0}^{1}x_4(n)W_2^{nl}\quad\begin{cases}X_4(0)=x_4(0)+x_4(1)\\X_4(1)=x_4(0)-x_4(1)\end{cases}$$

$$X_5(l)=\sum_{n=0}^{1}x_5(n)W_2^{nl}\quad\begin{cases}X_5(0)=x_5(0)+x_5(1)\\X_5(1)=x_5(0)-x_5(1)\end{cases}$$

$$X_6(l)=\sum_{n=0}^{1}x_6(n)W_2^{nl}\quad\begin{cases}X_6(0)=x_6(0)+x_6(1)\\X_6(1)=x_6(0)-x_6(1)\end{cases}$$

根据前面介绍的按频率抽取的 FFT 算法，2 个 2 点 DFT$X_3(l)$ 和 $X_4(l)$ 构成了 1 个 4 点的 DFT$X_1(r)$，即 $X_3(l)$ 为 $X_1(r)$ 的偶数点值，$X_4(l)$ 为 $X_1(r)$ 的奇数点值，同理，即 $X_5(l)$ 为 $X_2(r)$ 的偶数点值，$X_6(l)$ 为 $X_2(r)$ 的奇数点值，即

$$X_1(0)=X_3(0),\quad X_1(2)=X_3(1),\quad X_1(1)=X_4(0),\quad X_1(3)=X_4(1)$$
$$X_2(0)=X_5(0),\quad X_2(2)=X_5(1),\quad X_2(1)=X_6(0),\quad X_2(3)=X_6(1)$$

而 2 个 4 点 DFT$X_1(r)$和 $X_2(r)$构成了 1 个 8 点的 DFT$X(k)$，即

$$X(0)=X_1(0),\quad X(2)=X_1(1),\quad X(4)=X_1(2),\quad X(6)=X_1(3)$$
$$X(1)=X_2(0),\quad X(3)=X_2(1),\quad X(5)=X_2(2),\quad X(7)=X_2(3)$$

将以上关系可以总结为如下关系：

$X_3(0)$	$X_3(1)$	$X_4(0)$	$X_4(1)$	$X_5(0)$	$X_5(1)$	$X_6(0)$	$X_6(1)$
$X_1(0)$	$X_1(2)$	$X_1(1)$	$X_1(3)$	$X_2(0)$	$X_2(2)$	$X_2(1)$	$X_2(3)$
$X(0)$	$X(4)$	$X(2)$	$X(6)$	$X(1)$	$X(5)$	$X(3)$	$X(7)$

综上所述，按频率抽取的 8FFT 算法可以用图 4-12 表示。

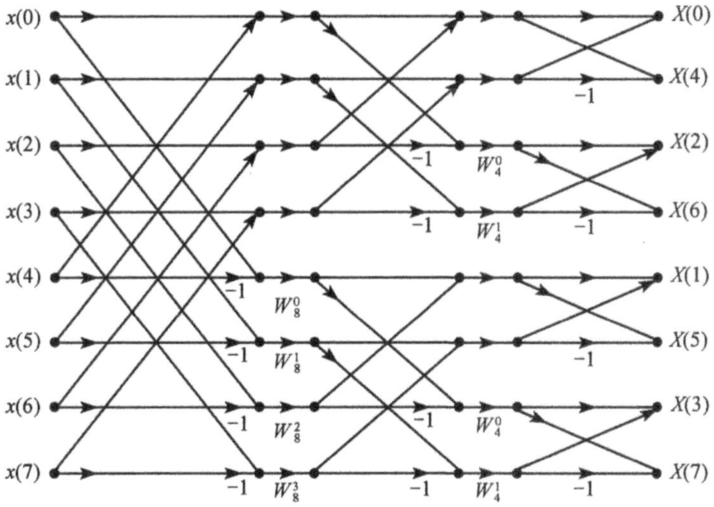

图 4-12　按频率抽取的 8 点 FFT 算法

注意图 4-12 所示按频率抽取的 8 点 FFT 算法其输入序列是自然顺序，而输出序列是二进制倒序数，为了得到自然顺序的 DFT 值 $X(k)$，还需要将 FFT 的输出值做二进制倒序排列。

将一个自然顺序序列做二进制倒序排列（前面介绍的按时间抽取的 FFT 算法输入数列就需要做此排序）或将一个二进制倒序序列排列成自然顺序（如上面介绍的按频率抽取的 FFT 算法的输出序列就需要做此排序）有许多种方法，这里介绍一种比较简单的二进制倒序方法。

假定 N 为 2 的整次幂，设为 $N=2^\gamma$，γ 为整数。开设一个长度为 N 的二进制倒序数数组 $q(n)$来存放二进制倒序数，二进制倒序数数组的每个元素的值就是这个元素索引 n 的二进制倒序数。二进制倒序数数组可以按照本文介绍的二进制数的递推算法产生，即

```
q(0) = 0,M = 1
For i = 0 to γ - 1
  {For k = 0 to M-1
     {q(k) = q(k) * 2
      q(k) = q(k) + 1
     }
      M = M * 2
     }
```

假定需要倒序的数组为 $X(n)$，倒序后的数组为 $Y(n)$ 则按以下程序进行倒序排列：

```
For i = 0 to N - 1
  {k = q(i)
   Y(i) = X(k)
  }
```

习　题

4-1 以下各周期序列的周期为 N，根据离散傅里叶级数的定义，证明：

(1) $\tilde{x}(n+m) \Leftrightarrow W_N^{-km}\tilde{X}(k)$。

(2) $\tilde{x}^*(n) \Leftrightarrow \tilde{X}^*(-k)$。

(3) $\tilde{x}^*(-n) \Leftrightarrow \tilde{X}^*(k)$。

4-2 若 $\tilde{x}(n)$ 为实周期序列，证明其离散傅里叶级数的系数 $\tilde{X}(k)$ 具有以下对称关系：

(1) $\mathrm{Re}[\tilde{X}(k)] = \mathrm{Re}[\tilde{X}(-k)]$。

(2) $\mathrm{Im}[\tilde{X}(k)] = -\mathrm{Im}[\tilde{X}(-k)]$。

(3) $|\tilde{X}(k)| = |\tilde{X}(-k)|$。

(4) $\arg[\tilde{X}(k)] = -\arg[\tilde{X}(-k)]$。

4-3 $\tilde{x}(n)$ 是一个周期为 N 的周期序列，已知其离散傅里叶级数的系数为 $\tilde{X}_N(k)$。$\tilde{x}(n)$ 也可以看成周期为 $2N$ 的周期序列，设其离散傅里叶级数的系数为 $\tilde{X}_{2N}(k)$，试用 $\tilde{X}_N(k)$ 确定 $\tilde{X}_{2N}(k)$。

4-4 已知 $\tilde{x}(n)$ 是一个周期为 N 的周期序列，其离散傅里叶级数的系数为 $\tilde{X}_N(k)$，$\tilde{y}(n)$ 是一个周期为 M 的周期序列，其离散傅里叶级数的系数为 $\tilde{Y}_M(k)$。设 $\tilde{w}(n) = \tilde{x}(n) + \tilde{y}(n)$

(1) 证明 $\tilde{w}(n)$ 也是周期序列，周期为 MN。

(2) 设 $\tilde{W}_{MN}(k)$ 是 $\tilde{w}(n)$ 的离散傅里叶级数的系数，试用 $\tilde{X}_N(k)$ 和 $\tilde{Y}_M(k)$ 确定 $\tilde{W}_{MN}(k)$。

4-5 已知 $\tilde{x}(n)$ 是一个周期为 N 的周期序列，其离散傅里叶级数的系数为 $\tilde{X}_N(k)$。试用 $\tilde{X}_N(k)$ 确定以下各序列离散傅里叶级数的系数：

(1) $\tilde{x}(n-n_0)$，n_0 为常数。

(2) $\tilde{x}(n) - \tilde{x}(n-1)$。

(3) $\tilde{x}(n)-\tilde{x}\left(n-\frac{N}{2}\right)$，$N$ 为偶数。

4-6　$x(n)$是个 N 点序列，试证明：

$$x((-n))_N=x((N-n))_N$$

4-7　$X(k)$为 N 点序列 $x(n)$的 N 点离散傅里叶变换。

(1) 证明如果 $x(n)$满足关系式

$$x(n)=-x(N-1-n)$$

则

$$X(0)=0$$

(2) 证明当 N 为偶数时，如果

$$x(n)=x(N-1-n)$$

则

$$X\left(\frac{N}{2}\right)=0$$

4-8　已知 $x(n)$是个 4 点序列，$h(n)$也是个 4 点序列，如题图 4-1 所示。

(1) 求 $x(n)$与 $h(n)$的线性卷积。

(2) 求 $x(n)$与 $h(n)$的 4 点圆周卷积。

(3) 用补零的方式将 $x(n)$和 $h(n)$延长成 7 点序列，再做 $x(n)$与 $h(n)$的 7 点圆周卷积。

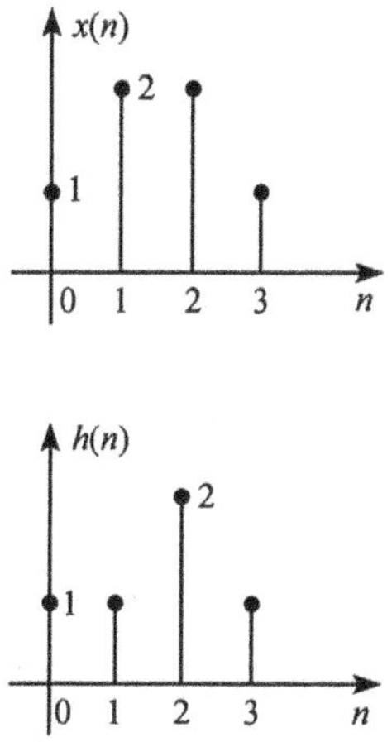

题图 4-1

4-9　$X(k)$为 N 点序列 $x(n)$的 N 点离散傅里叶变换。$X(k)$也是 N 点序列，如果再将 $X(k)$做 N 点离散傅里叶变换得到 $x'(n)$，试讨论 $x(n)$与 $x'(n)$的关系。

4-10　求以下 N 点序列的 N 点离散傅里叶变换：

(1) $x(n)=\delta(n)$。

(2) $x(n)=\delta(n-n_0)$，　$0<n_0<N$。

(3) $x(n)=a^nR_N(n)$。

4-11　利用 FFT 对连续时间信号进行频谱分析，仅是一个近似的估计。现用一个 FFT 处理器来估算实信号的频谱，要求指标：(1)频率分辨率为 $f_1\leqslant 5\text{Hz}$；(2)信号的最高频率 $f_{\max}\leqslant 1.25\text{kHz}$；(3)FFT 的点数 N 必须是 2 的整数次幂。试确定：最小采样频率 f_s 和最小采样数据点数 N。

4-12　计算下列各信号的傅里叶变换：

(1) $\left(\frac{1}{3}\right)^{n-1}u[n-1]$。

(2) $(n-1)\left(\frac{1}{3}\right)^{|n|}$。

(3) $\dfrac{\sin\left(\frac{\pi}{4}n\right)}{\pi n}\cos\left(\frac{\pi}{2}n\right)$。

(4) $\sum_{k=-\infty}^{\infty}\left(\frac{1}{2}\right)^n\delta(n-4k)u[n]$。

4-13 一个线性移不变系统的差分方程为

$$y(n)+\frac{1}{6}y(n-1)-\frac{1}{6}y(n-2)=x(n)-x(n-1)$$

(1) 求该系统的频率响应 $H(e^{j\omega})$。

(2) 求该系统的单位样值响应 $h(n)$。

(3) 求该系统对输入信号 $x(n)=\left(\frac{1}{4}\right)^n u(n)$的响应 $y(n)$。

第5章　z 变换

5.1 概　　述

在电路理论中我们学过拉普拉斯变换，在那里把它作为连续时间傅里叶变换的一种推广。作这种推广的部分原因是由于拉普拉斯变换比傅里叶变换有着更广泛的适用范围，有许多信号，其傅里叶变换不存在，但却有拉普拉斯变换。例如，一个不稳定的线性时不变系统的傅里叶变换不存在，但它的拉普拉斯变换却存在。运用拉普拉斯变换可以对系统的不稳定性作分析，从而找出使系统稳定的措施或找出系统不稳定的原因。

对于离散系统表述系统和信号的数学抽象是序列，其变量为离散变量，因此拉普拉斯变换已不适用。作为序列的傅里叶变换的推广就是 z 变换。作为一种重要的数学工具，它把描述离散系统的差分方程，变换成代数方程，使其求解过程得到简化。还可以利用系统函数的零、极点分布，定性分析系统的时域特性、频率响应、稳定性等，是离散系统分析的重要方法。z 变换在离散系统的作用与地位，与拉普拉斯变化在连续时间系统相当。本章中要讨论 z 变换的定义、性质和它与傅里叶变换、拉普拉斯变换的关系。

5.2 z 变换的定义及其收敛域

序列的傅里叶变换定义为

$$F(e^{j\omega}) = \sum_{n=-\infty}^{\infty} f(n)e^{-jn\omega} = \sum_{n=-\infty}^{\infty} f(n)\ (e^{j\omega})^{-n} \tag{5-1}$$

式中，$e^{j\omega}$是 ω 的复函数，变量是实数 ω，也可以看成是复数变量 $j\omega$ 的函数。这时$e^{j\omega}$就是复变函数，只不过“复数”变量只在虚轴 $j\omega$ 上取值。现在若将这个“复数”延拓到实轴上取值，即 $\sigma+j\omega$，这时式(5-1)中的 $e^{j\omega}$就变成 $e^{\sigma+j\omega}$，这样式(5-1)就应该写成

$$F(e^{\sigma+j\omega}) = \sum_{n=-\infty}^{\infty} f(n)\ (e^{\sigma+j\omega})^{-n} \tag{5-2}$$

显然，式(5-2)表述在形式有点累赘，注意到 $e^{\sigma+j\omega}$ 本身也是一个复数变量，令 $z=e^{\sigma+j\omega}$，则式(5-2)就为

$$F(z)=\sum_{n=-\infty}^{\infty} f(n) z^{-n} \tag{5-3}$$

式(5-3)就是序列的 z 变换，通过前面的说明可以看到序列的 z 变换实际上就是序列傅里叶变换的推广，序列的 z 变换是复数变量 z 的函数，即 $F(z)$ 是个复变函数。式(5-3)中对 n 的求和是从 $-\infty$ 到 ∞，即在时域坐标原点的两边范围内进行，所以式(5-3)定义的 z 变换通常称为**双边 z 变换**。z 变换我们也用符号"$\mathscr{Z}$"来表示，即

$$F(z)=\mathscr{Z}[f(n)] \tag{5-4}$$

将式(5-3)展开有

$$\begin{aligned}F(z)=&\cdots+f(-3)z^{3}+f(-2)z^{2}+f(-1)z^{1}+f(0)z^{0}+f(1)z^{-1}\\&+f(2)z^{-2}+f(3)z^{-3}+\cdots\end{aligned} \tag{5-5}$$

这是一个以 z 为变量的幂级数，我们知道只有当一个幂级数收敛时，讨论这个幂级数的特性才有意义，也就是说序列的 z 变换存在，讨论序列的 z 变换才有意义。那么，序列的 z 变换是否存在？存在的条件是什么？这时我们学习 z 变换时首先要回答的问题。

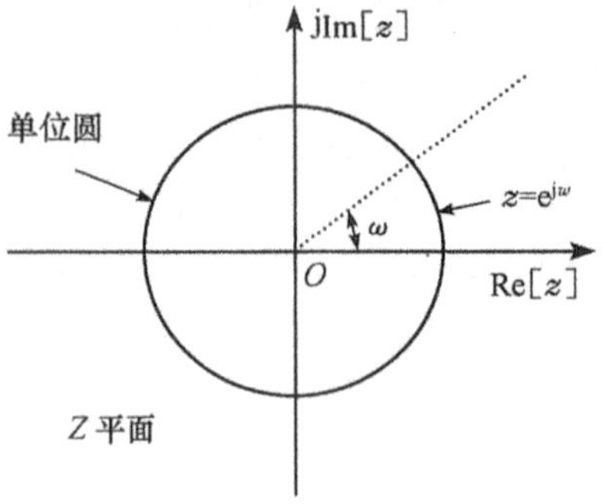

图 5-1　z 平面及单位圆

序列的 z 变换是 z 平面上的一个函数，所谓 z 平面是指图 5-1 所示的平面，z 平面的横轴表示复数变量 z 的实部 $\mathrm{Re}[z]$，z 平面的纵轴表示复数变量的虚部 $\mathrm{Im}[z]$。在 z 平面中以坐标原点为圆心，以单位 1 为半径的圆称为 z 平面中的单位圆，它在 z 平面中的方程为 $z=\mathrm{e}^{\mathrm{j}\omega}$。比较序列的傅里叶变换公式

$$F(\mathrm{e}^{\mathrm{j}\omega})=\sum_{n=-\infty}^{\infty} f(n)\mathrm{e}^{-\mathrm{j}n\omega}$$

即有

$$F(\mathrm{e}^{\mathrm{j}\omega})=F(z)\big|_{z=\mathrm{e}^{\mathrm{j}\omega}} \tag{5-6}$$

这就是说，**序列的傅里叶变换实际上就是序列 z 变换在 z 平面中单位圆上的取值**。换句话说，序列的傅里叶变换是序列在 z 平面单位圆上的变换，z 变换是将变换延拓到整个 z 平面中。再一次回到前面提出的问题，这种延拓是否存在，即式(5-5)所示的幂级数是否收敛。显然式(5-5)的收敛性取决于离散信号和 z 的取值范围。如果序列给定，则式(5-5)收敛性取决于 z 的取值范围，我们称所有使式(5-5)幂级数(即序列的 z 变换)绝对收敛的 z 值的集合为序列 z 变换的**收敛域**。

例如

$$f(n)=u(n)$$

则

$$F(z)=\mathscr{Z}[f(n)]=\sum_{n=-\infty}^{\infty} u(n) z^{-n}=\sum_{n=0}^{\infty} z^{-n}=1+z^{-1}+z^{-2}+z^{-3}+\cdots$$

这是个等比幂级数，为了求出幂级数的闭式解可以用以下极限方法求解

$$F(z) = \lim_{N\to\infty}\left(\sum_{n=0}^{N} z^{-n}\right)$$

上式方括号中的和式为等比级数求和，则有

$$F(z) = \lim_{N\to\infty}\frac{1-z^{-(N+1)}}{1-z^{-1}}$$

当 $N\to\infty$时，上式极限存在的充分必要条件是$|z^{-1}|<1$，即$|z|>1$，也就是说，所有满足$|z|>1$ 关系的 z 值都可使序列的 z 变换收敛，所以单位阶跃序列 $u(n)$的收敛域为$|z|>1$，对所有收敛域中的 z 值，阶跃序列 z 变换的闭式表达式为

$$F(z) = \frac{1}{1-z^{-1}}, \quad |z|>1$$

5.3 序列 z 变换的基本特性

在以上的讨论中，我们强调了序列 z 变换收敛域的重要性，那么是否所有序列的 z 变换都可以找到收敛域呢？换句话说，是否所有序列的 z 变换都存在（有意义）？下面就来讨论这个问题。

将复变量 z 表示成极坐标形式 $z=re^{j\omega}$，则序列 $f(n)$的 z 变换可以写成

$$F(z) = \sum_{n=-\infty}^{\infty} f(n)\,(re^{j\omega})^{-n} = \sum_{n=-\infty}^{\infty} f(n)r^{-n}e^{-jn\omega}$$

因此序列 $f(n)$的 z 变换可以看成是一个实指数序列 r^{-n}乘以序列 $f(n)$后得傅里叶变换。序列傅里叶变换一致收敛（存在）的条件是序列绝对可积，即

$$\sum_{n=-\infty}^{\infty} |f(n)r^{-n}| < \infty \tag{5-7}$$

由此可见，由于序列 $f(n)$乘上了实指数序列 r^{-n}，即使序列 $f(n)$的傅里叶变换不存在，但它的 z 变换却可能存在，这表明 z 变换适用的范围远比傅里叶变换宽，这也就是要引入 z 变换分析的原因之一。

前面我们已经提到序列 z 变换的收敛域与序列本身的特性有关，下面就来讨论序列 z 变换的基本特性。

5.3.1 有限长序列

若序列 $f(n)$的非零值点仅分布在有限整数集合上，则称此序列为有限长序列(finite length frequence)，即

$$f(n) = 0, \quad n < n_1 \text{ 或 } n > n_2 \tag{5-8}$$

这里 $n_2>n_1$。因为序列 $f(n)$的非零值点仅分布在有限整数集合$[n_1, n_2]$上，所以这类序列的 z 变换为

$$F(z)=\sum_{n=n_1}^{n_2} f(n)z^{-n} \tag{5-9}$$

要使这个和式收敛，在序列 $f(n)$有界（即 $|f(n)|<\infty$）的条件下，z 变换的收敛域就取决于 $|z|^{-n}$，$n\in[n_1,n_2]$的取值。现在分几种情况来讨论。

第一种情况：$n_1<0,n_2>0$，在这种情况下，z 变换可以写成

$$F(z)=\sum_{n=n_1}^{-1} f(n)z^{-n}+\sum_{n=0}^{n_2} f(n)z^{-n}$$

式中，第一个和式里的 $n<0$，所以在 $z=\infty$处，$|z^{-n}|=|z|^{|n|}=\infty$，和式不收敛（发散），此外对所有 z 这个和式均收敛。上式中第二个和式里 $n\geqslant0$，所以在 $z=0$ 处，$|z^{-n}|=|z|^{-|n|}=\infty$，和式也不收敛（发散），此外对所有 z 值这个和式均收敛。综上所述，在第一种情况下，有限长序列的 z 变换收敛域为 $0<|z|<\infty$，即除了 $z=0$ 和 $z=\infty$外，序列 z 变换在整个 z 平面上收敛。

第二种情况：$n_1<0,n_2<0$，这时序列 z 变换为

$$F(z)=\sum_{n=n_1}^{n_2} f(n)z^{|n|}$$

这个和式中的 $n<0$，所以 z 变换除了在 $z=\infty$处发散外，取任何 z 值均收敛，所以在第二种情况下，有限长序列的 z 变换收敛域为 $|z|<\infty$，即除了 $z=\infty$外，序列 z 变换在整个 z 平面上收敛。

第三种情况：$n_1\geqslant0$，　$n_2>0$，这时序列 z 变换为

$$F(z)=\sum_{n=n_1}^{n_2} f(n)z^{-|n|}$$

这个和式中的 $n\geqslant0$，所以 z 变换除了在 $z=0$ 发散外，取任何 z 值均收敛，所以在第三种情况下，有限长序列的 z 变换收敛域为 $|z|>0$，即除了 $z=0$ 外，序列 z 变换在整个 z 平面上收敛。

第四种情况：$n_1=n_2=0$，这是一种特殊情况，即 $f(n)=A\delta(n)$，A 为常数，序列的 z 变换为

$$F(z)=\sum_{n=0}^{0} A\delta(n)z^{-n}=A$$

它是一个常数，所以无论 z 取何值均收敛，即这时序列的 z 变换收敛于整个 z 平面。

5.3.2 右边序列

若序列 $f(n)$的非零值点仅分布在某一点 n_1 的右边，即

$$f(n)=0,\quad n<n_1 \tag{5-10}$$

则此序列称为右边序列(right-sided frequence),其 z 变换为

$$F(z)=\sum_{n=n_1}^{\infty}f(n)z^{-n} \tag{5-11}$$

设序列 $f(n)$ 为有界序列,假定我们已知这个序列的 z 变换 $F(z)$ 在 $z=z_1$ 处收敛,即有

$$\sum_{n=n_1}^{\infty}|f(n)z_1^{-n}|<\infty \tag{5-12}$$

现分两种情况讨论这个和式的收敛域。

第一种情况:$n_1\geqslant 0$,当 $|z|\geqslant|z_1|$ 时,有

$$\begin{aligned}F(z)=\sum_{n=n_1}^{\infty}f(n)z^{-n}&\leqslant\sum_{n=n_1}^{\infty}|f(n)z^{-n}|\\&=\sum_{n=n_1}^{\infty}|f(n)||z|^{-|n|}\\&\leqslant\sum_{n=n_1}^{\infty}|f(n)||z_1|^{-|n|}\\&=\sum_{n=n_1}^{\infty}|f(n)z_1^{-|n|}<\infty\end{aligned}$$

即 $F(z)$ 至少在 $|z|\geqslant|z_1|$ 的区域内是收敛的,这是一个圆外区域,其包含了 $z=\infty$ 处,如图 5-2 所示。

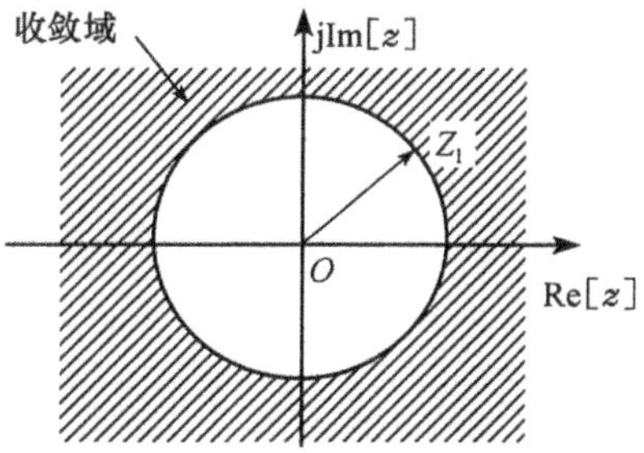

图 5-2 右边序列 z 变换的收敛域

第二种情况:$n_1<0$,这时序列的 z 变换可以写成

$$F(z)=\sum_{n=n_1}^{-1}f(n)z^{|n|}+\sum_{n=0}^{\infty}f(n)z^{-|n|}$$

式中,第一个和式可以看成有限长序列的第二种情况,它的收敛域为除 $z=\infty$ 以外的整个 z 平面,而上式中的第二个和式就是右边序列的第一种情况,它的收敛域为一个圆外区域 $|z|\geqslant|z_1|$。综合这两个和式的收敛域就是序列 z 变换的收敛域,即 $\infty>|z|\geqslant|z_1|$,这是一个不包括 $z=\infty$ 处的圆外区域。

例 5-1 已知序列 $X(n)=\left(\frac{1}{3}\right)^n u(n)$,求 $X(z)$。

解

$$X(z)=\sum_{n=0}^{\infty}\left(\frac{1}{3}\right)^n z^{-n}=\lim_{N\to\infty}\sum_{n=0}^{N}\left(\frac{1}{3}\right)^n z^{-n}$$

当 $\left|\frac{1}{3}z^{-1}\right|<1$,即 $|z|>\frac{1}{3}$ 时

$$X(z)=\lim_{N\to\infty}\frac{1-\left(\frac{1}{3}z^{-1}\right)^{N+1}}{1-\frac{1}{3}z^{-1}}=\frac{1}{1-\frac{1}{3}z^{-1}},\quad |z|>\frac{1}{3}$$

此例收敛域是以 $X(z)$的极点 1/3 为半径的圆外区域。推论:在 $X(z)$的封闭表示式中,若有多个极点,则右边序列的收敛区是以绝对值最大的极点为收敛半径的圆外区域。

5.3.3 左边序列

若序列 $f(n)$的非零值点仅分布在某一点 n_2 的左边,即

$$f(n)=0,\quad n>n_2 \tag{5-13}$$

则称此序列为左边序列(left-sided frequence)。其 z 变换为

$$F(z)=\sum_{n=-\infty}^{n_2}f(n)z^{-n} \tag{5-14}$$

用类似于右边序列的讨论,假定 $F(z)$在 $z=z_2$ 处收敛,即有

$$\sum_{n=n_1}^{\infty}|f(n)z_2^{-n}|<\infty$$

第一种情况,$n_2\leqslant 0$,对于所有$|z|\leqslant|z_2|$有

$$\begin{aligned}F(z)&=\sum_{n=-\infty}^{n_2}f(n)z^{-n}\leqslant\sum_{n=-\infty}^{n_2}|f(n)z^{-n}|\\&=\sum_{n=-\infty}^{n_2}|f(n)||z|^{|n|}\\&\leqslant\sum_{n=-\infty}^{n_2}|f(n)||z_2|^{|n|}\\&=\sum_{n=-\infty}^{n_2}|f(n)z_2^{-n}|<\infty\end{aligned}$$

由此可见,$F(z)$的收敛域是个圆内区域,且包含了 $z=0$ 处,即$|z|\leqslant|z_2|$,如图 5-3 所示。

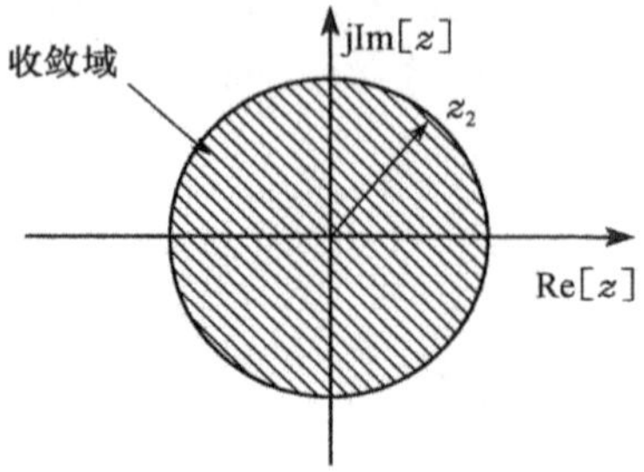

图 5-3 左边序列 z 变换的收敛域

第二种情况:$n_2>0$,这时序列的 z 变换可以写成

$$F(z)=\sum_{n=-\infty}^{-1}f(n)z^{|n|}+\sum_{n=0}^{n_2}f(n)z^{-|n|}$$

式中,第一个和式就是左边序列的第一种情况,它的收敛域是个圆内区域,且包含了 $z=0$ 处;第二个和式是有限长序列的第三种情况,它的

收敛域为除 $z=0$ 点外的整个 z 平面。综合上述分析结果可知这时序列 z 变换的收敛域为一个圆内区域，但不包含 $z=0$ 点，即 $0<|z|\leqslant|z_2|$。

例 5-2 已知序列 $x(n)=-b^n u(-n-1)$，求 $X(z)$。

解

$$X(z)=\sum_{n=-\infty}^{-1}-b^n z^{-n}=\sum_{n=1}^{\infty}-b^{-n}z^n$$
$$=1-\sum_{n=0}^{\infty}b^{-n}z^n=1-\lim_{n\to\infty}\frac{1-(b^{-1}z)^n}{1-b^{-1}z}$$
$$=\frac{1}{1-bz^{-1}}=\frac{z}{z-b},\quad 0\leqslant|z|<|b|$$

此例收敛域是以 $X(z)$ 的极点 b 为半径的圆内。推论：在 $X(z)$ 的封闭表示式中，若有多个极点，则左边序列的收敛区是以绝对值最小的极点为收敛半径的圆内。

5.3.4 双边序列

若序列 $f(n)$ 的非零值点分布在整个整数集上，则此序列称为双边序列(two-sided frequence)。双边序列的 z 变换刻意写为

$$F(z)=\sum_{n=-\infty}^{\infty}f(n)z^{-n}$$
$$=\sum_{n=-\infty}^{-1}f(n)z^{-n}+\sum_{n=0}^{\infty}f(n)z^{-n}$$

式中第一和式就是左边序列的第一种情况，它的收敛域为包括 z 平面原点的一个圆内区域，设为 $|z|<R_+$；第二个和式为右边序列的第一种情况，它的收敛域为包括无穷远处($z=\infty$)的一个圆外区域，设为 $|z|>R_-$。当 $R_+>R_-$ 时，设两个和式有公共的收敛区域 $R_-<|z|<R_+$，它是个圆环，这就是双边序列 z 变换的收敛域，如图 5-4 所示。如果 $R_+<R_-$，则左边序列与右边序列的 z 变换的收敛域没有公共区域，因此这时双边序列的 z 变换不存在。

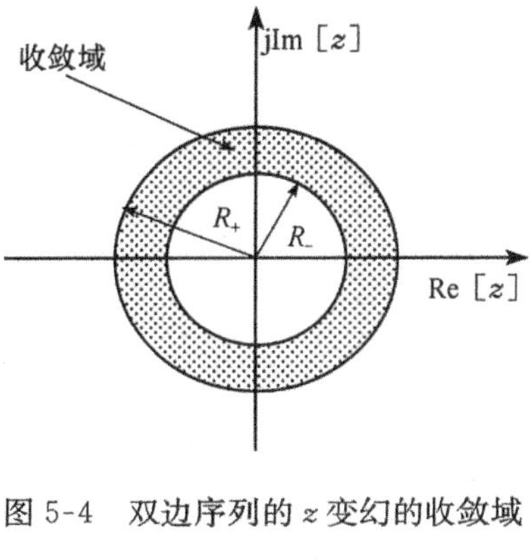

图 5-4 双边序列的 z 变幻的收敛域

例 5-3 已知双边序列 $x(n)=c^{|n|}$，c 为实数，求 $X(z)$。

解

$$x(n)=c^{|n|}=\begin{cases}c^{-n}, & n<0\\ c^n, & n\geqslant 0\end{cases}$$

$$X(z)=\sum_{n=-\infty}^{\infty}c^{|n|}=\sum_{n=-\infty}^{-1}c^{-n}z^{-n}+\sum_{n=0}^{\infty}c^n x(n)z^{-n}$$
$$=X_1(z)+X_2(z)$$

当 $n<0$ 时

$$X_1(z)=\sum_{n=-\infty}^{-1}c^{-n}z^{-n}=\sum_{n=1}^{\infty}c^nz^n=cz+(cz)^2+\cdots$$

$$=\lim_{n\to\infty}cz\frac{1-(cz)^n}{1-cz}=\frac{cz}{1-cz},\quad |z|<\frac{1}{|c|}$$

当 $n>0$ 时

$$X_2(z)=\sum_{n=0}^{\infty}c^nx(n)z^{-n}=\frac{1}{1-cz^{-1}}=\frac{z}{z-c},\quad |z|>|c|$$

5.4　z 变换的性质

现在讨论 z 变换的性质，设

$$\mathscr{Z}[x(n)]=X(z),\quad R_{x1}<|z|<R_{x2}$$

$$\mathscr{Z}[y(n)]=Y(z),\quad R_{y1}<|z|<R_{y2}$$

5.4.1　线性特性

$$\mathscr{Z}[ax(n)+by(n)]=aX(z)+bY(z),\quad R_1<|z|<R_2 \tag{5-15}$$

式中，a，b 均为常数，通常两个序列 z 变换叠加后其收敛域为这两个 z 变换收敛域的重叠部分，即

$$R_1=\max(R_{x1},R_{y1})$$

$$R_2=\min(R_{x2},R_{y2})$$

但当线性组合中出现零极点相消时，z 变换的收敛域可能扩大，例如

$$X(z)=\frac{1}{1-z^{-1}}\,|z|>1$$

$$Y(z)=\frac{z^{-1}}{1-z^{-1}}\,|z|>1$$

而

$$X(z)-Y(z)=\frac{1}{1-z^{-1}}-\frac{z^{-1}}{1-z^{-1}}=1$$

这时收敛域为整个 z 平面，显然收敛域扩大了。

5.4.2　时移特性

$$\mathscr{Z}[x(n+m)]=z^mX(z) \tag{5-16}$$

式中，m 是可正可负的整数，序列位移后的 z 变换除了在 $z=0$ 或 $z=\infty$ 处收敛情况与原序列 z 变换收敛情况可能不同外，其他区域的收敛情况完全相同。注意这里时移特性指的是双边 z 变换的特性。

对于单边 z 变换,即

$$X(z)=\sum_{n=0}^{\infty}x(n)z^{-n}$$

则序列位移的 z 变换要考虑序列的初值,即当 $m>0$ 时有

左移特性 $$\mathscr{Z}[x(n+m)]=z^{m}[X(z)-\sum_{k=0}^{m-1}x(k)z^{-k}]$$

右移特性 $$\mathscr{Z}[x(n-m)]=z^{m}[X(z)+\sum_{k=-m}^{-1}x(k)z^{-k}]$$

5.4.3 z 域微分特性

$$\mathscr{Z}[nx(n)]=-z\frac{\mathrm{d}}{\mathrm{d}z}X(z) \tag{5-17}$$

这是因为

$$X(z)=\sum_{n=-\infty}^{\infty}x(n)z^{-n}$$

上式两边对 z 求导有

$$\begin{aligned}\frac{\mathrm{d}}{\mathrm{d}z}X(z)&=\frac{\mathrm{d}}{\mathrm{d}z}\sum_{n=-\infty}^{\infty}x(n)z^{-n}\\&=\sum_{n=-\infty}^{\infty}x(n)\frac{\mathrm{d}}{\mathrm{d}z}z^{-n}\\&=-\sum_{n=-\infty}^{\infty}nx(n)z^{-n-1}\\&=-z^{-1}\sum_{n=-\infty}^{\infty}nx(n)z^{-n}\\&=-z^{-1}\mathscr{Z}[nx(n)]\end{aligned}$$

所以

$$\mathscr{Z}[nx(n)]=-z\frac{\mathrm{d}}{\mathrm{d}z}X(z)$$

5.4.4 z 域尺度变换特性

$$\mathscr{Z}[a^{n}x(n)]=X\left(\frac{z}{a}\right) \tag{5-18}$$

这时因为

$$\begin{aligned}\mathscr{Z}[a^{n}x(n)]&=\sum_{n=-\infty}^{\infty}a^{n}x(n)z^{-n}\\&=\sum_{n=-\infty}^{\infty}x(n)\left(\frac{z}{a}\right)^{-n}=X\left(\frac{z}{a}\right)\end{aligned}$$

尺度变换特性表明，序列乘上指数序列 a^n 后，相当于 z 平面的尺度变化为 $\left(\frac{z}{a}\right)$。

5.4.5 时域卷积特性

$$\mathscr{Z}[x(n) * y(n)] = X(z)Y(z) \tag{5-19}$$

这是个重要特性，它将时域中的卷积关系转换为 z 域中的乘积关系。

证明　设 $w(n)=x(n) * y(n)$，$W(z)=\mathscr{Z}[w(n)]$则

$$\begin{aligned} W(z) = \mathscr{Z}[x(n) * y(n)] &= \sum_{n=-\infty}^{\infty} [x(n) * y(n)]z^{-n} \\ &= \sum_{n=-\infty}^{\infty} \Big[\sum_{m=-\infty}^{\infty} x(m)y(n-m) \Big] z^{-n} \\ &= \sum_{m=-\infty}^{\infty} x(m) \Big[\sum_{n=-\infty}^{\infty} y(n-m)z^{-(n-m)} \Big] z^{-m} \\ &= \sum_{m=-\infty}^{\infty} x(m)Y(z)z^{-m} = Y(z) \sum_{m=-\infty}^{\infty} x(m)z^{-m} \\ &= Y(z)X(z) = X(z)Y(z) \end{aligned}$$

证毕。

注：如果两个序列在时域中是乘积的关系，则这两个序列在 z 域中是复数卷积的关系(不是一般的卷积)，即

$$\mathscr{Z}[x(n)y(n)] = \frac{1}{2\pi \mathrm{j}} \oint_C X(\nu) Y\left(\frac{z}{\nu}\right) \frac{\mathrm{d}\nu}{\nu}$$

5.4.6 初值定理

若 $x(n)$为因果序列，即 $x(n)=0, n<0$，则

$$x(0) = \lim_{z \to \infty} X(z)$$

这是因为

$$\begin{aligned} X(z) &= \sum_{n=0}^{\infty} x(n)z^{-n} \\ &= x(0) + x(1)z^{-1} + x(2)z^{-2} + x(3)z^{-3} + \cdots \end{aligned}$$

上式两边在 $z \to \infty$时取极限，则右边除了 $x(0)$项外，其他各项均为零，故有

$$x(0) = \lim_{z \to \infty} X(z)$$

5.4.7 终值定理

若 $x(n)$为因果序列，且 $X(z)$处在 $z=1$ 处可以有一阶极点外，全部其他极点都在单位圆内，则

$$\lim_{n\to\infty}x(n)=\lim_{z\to1}[(z-1)X(z)] \tag{5-20}$$

这是因为

$$\begin{aligned}zX(z)-X(z)&=\mathscr{Z}[x(n+1)-x(n)]\\&=\sum_{n=-\infty}^{\infty}[x(n+1)-x(n)]z^{-n}\end{aligned}$$

考虑到因果序列的特性，上式可改写为

$$(z-1)X(z)=\lim_{n\to\infty}\sum_{k=-1}^{n}[x(k+1)-x(k)]z^{-k}$$

注意上式的收敛域，由于 $X(z)$在单位圆上只有 $z=1$ 处可能有一阶极点，现在函数$(z-1)X(z)$将抵消这个可能的极点，因此$(z-1)X(z)$的收敛域必将包含单位圆，这就允许上式两边取极限 $z\to1$，即

$$\begin{aligned}\lim_{z\to1}[(z-1)X(z)]&=\lim_{n\to\infty}\sum_{k=-1}^{n}[x(k+1)-x(k)]z^{-k}\Big|_{z=1}\\&=\lim_{n\to\infty}\{[x(0)-0]+[x(1)-x(0)]\\&\quad+[x(2)-x(1)]+\cdots+[x(n+1)-x(n)]\}\\&=\lim_{n\to\infty}\{[x(0)-x(0)]+[x(1)-x(1)]\\&\quad+[x(2)-x(2)]+\cdots+[x(n+1)]\}\\&=\lim_{n\to\infty}x(n+1)=\lim_{n\to\infty}x(n)\end{aligned}$$

5.5 典型序列的 z 变换

1. 单位样值序列 $\delta(n)$

$$\mathscr{Z}[\delta(n)]=\sum_{n=-\infty}^{\infty}\delta(n)z^{-n}=1$$

2. 单位阶跃序列 $u(n)$

$$\begin{aligned}\mathscr{Z}[u(n)]&=\sum_{n=-\infty}^{\infty}u(n)z^{-n}\\&=\sum_{n=0}^{\infty}z^{-n}\\&=\frac{1}{1-z^{-1}},\quad |z|>1\end{aligned}$$

3. 斜变序列 $nu(n)$

由 z 变换的微分定理，以及单位阶跃序列的 z 变换，有

$$\mathscr{Z}[nu(n)]=-z\frac{\mathrm{d}}{\mathrm{d}z}\frac{1}{1-z^{-1}}$$

$$=\frac{z^{-1}}{(1-z^{-1})^2},\ |z|>1$$

4. 指数序列 $a^n u(n)$

$$\mathscr{Z}[a^n u(n)]=\sum_{n=-\infty}^{\infty}a^n u(n)z^{-n}$$

$$=\sum_{n=0}^{\infty}a^n z^{-n}$$

$$=\sum_{n=0}^{\infty}(az^{-1})^n$$

$$=\lim_{N\to\infty}\sum_{n=0}^{N}(az^{-1})^n$$

$$=\lim_{N\to\infty}\frac{1-(az^{-1})^{N+1}}{1-az^{-1}}$$

若 $|az^{-1}|<1$，则上式收敛，即当 $|z|>|a|$ 时，有

$$\mathscr{Z}[a^n u(n)]=\frac{1}{1-az^{-1}},\quad |z|>|a|$$

这个 z 变换的收敛域是个圆外区域，因为序列 $a^n u(n)$ 是个右边序列。

现举例说明序列的 z 变换的求解。

例 5-4 已知 $f(n)=\delta(n)$，求序列的 z 变换。

解
$$F(z)=\mathscr{Z}[\delta(n)]=\sum_{n=-\infty}^{\infty}\delta(n)z^{-n}=1$$

单位抽样序列的 z 变换是个常数，显然无论 z 取何值，z 变换都收敛，因此它收敛域为整个 z 平面。

例 5-5 已知序列 $f(n)=u(-n)$，求序列的 z 变换。

解 这是个左边序列，有

$$F(z)=\sum_{n=-\infty}^{\infty}u(-n)z^{-n}$$

$$=\sum_{n=-\infty}^{0}z^{-n}$$

$$=\lim_{N\to\infty}\sum_{n=0}^{N}z^{n}=\lim_{N\to\infty}\frac{1-z^{N+1}}{1-z}$$

要使上式收敛,必有$|z|<1$,即

$$F(z)=\frac{1}{1-z},\quad |z|<1$$

这个 z 变换的收敛域为圆内区域,与我们前面推导的结论是一致的。

例 5-6 已知 $f(n)=a^n u(-n-1)$,求序列的 z 变换。

解

$$\begin{aligned}F(z)&=\sum_{n=-\infty}^{\infty}a^n u(-n-1)z^{-n}\\&=\sum_{n=1}^{\infty}a^{-n}z^n\\&=\lim_{N\to\infty}\sum_{n=1}^{N}(a^{-1}z)^n\\&=\lim_{N\to\infty}\frac{a^{-1}z-(a^{-1}z)^{N+1}}{1-a^{-1}z}\\&=\frac{z}{a-z},\quad |z|<|a|\end{aligned}$$

5.6 逆 z 变换

在复变函数理论中逆 z 变换的定义公式为

$$x(n)=\frac{1}{2\pi \mathrm{j}}\oint_C X(z)z^{n-1}\mathrm{d}z \tag{5-21}$$

这是个围线积分,C 是在 $X(z)$收敛域内,反时针包围 z 平面坐标原点的闭合曲线。逆 z 变换通常也可记为

$$x(n)=\mathscr{Z}^{-1}[X(z)]$$

因为式(5-21)的积分计算很麻烦,所以一般采用以下介绍的三种方法求解逆 z 变换。

5.6.1 留数定理法

若 $X(z)z^{n-1}$在闭合曲线 C 内的所有极点的集合为$\{z_k\}$,则 $X(z)$的逆变换可由下式求出

$$x(n)=\sum_k \mathrm{Res}[X(z)z^{n-1},z_k] \tag{5-22}$$

式中,$\mathrm{Res}[X(z)z^{n-1},z_k]$为函数 $X(z)z^{n-1}$在极点 z_k 上的留数,$\sum\limits_k$ 表示对整个极点集合$\{z_k\}$上的留数求和,即 $x(n)$等于函数 $X(z)z^{n-1}$ 在闭合曲线C内所有极点上留数的总和。

如果 z_k 为单阶极点,则极点上的留数为

$$\begin{aligned}\mathrm{Res}[X(z)z^{n-1},z_k] &= (z-z_k)X(z)z^{n-1}\big|_{z=z_k} \\ &= (1-z_kz^{-1})X(z)z^{n}\big|_{z=z_k}\end{aligned} \tag{5-23}$$

如果 z_k 为 N 阶极点，则极点上的留数为

$$\begin{aligned}\mathrm{Res}[X(z)z^{n-1},z_k] &= \frac{1}{(N-1)!}\frac{\mathrm{d}^{N-1}}{\mathrm{d}z^{N-1}}(z-z_k)^N X(z)z^{n-1}\big|_{z=z_k} \\ &= \frac{1}{(N-1)!}\frac{\mathrm{d}^{N-1}}{\mathrm{d}z^{N-1}}(1-z_kz^{-1})^N X(z)z^{n}\big|_{z=z_k}\end{aligned} \tag{5-24}$$

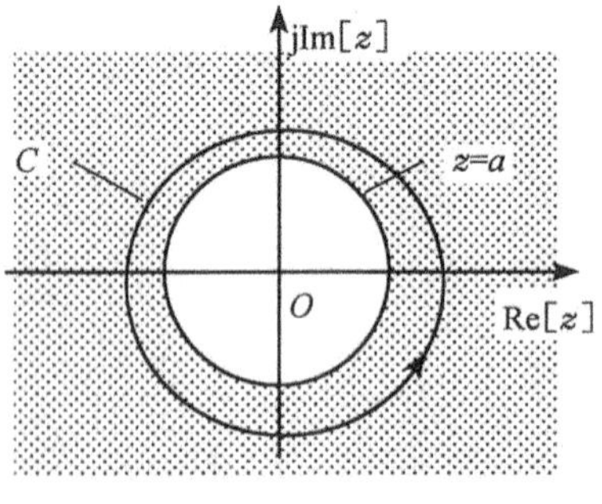

图 5-5　$X(z)$的收敛域及其零极点

例 5-7　已知 $X(z)=\dfrac{1}{1-az^{-1}}$，　$|z|>|a|$，求逆 z 变换

$$x(n)=\mathscr{Z}^{-1}[X(z)]。$$

解　注意 $X(z)$的收敛域为一个圆外区域，且收敛域包含 $z=\infty$处，如图 5-5 所示。所以序列 $x(n)$是右边序列的第一种情况，它的非零值点一定在坐标原点($n=0$)的右边，即有

$$x(n)=0,\quad n<0$$

因此只需求出 $n\geqslant 0$ 时的 $x(n)$。

当 $n\geqslant 0$ 时，函数 $X(z)z^{n-1}=\dfrac{z^n}{z-a}$在 $z=a$ 处有一个单阶极点，在 $z=\infty$处也有一个 $n-1$ 阶极点。在收敛域内画一条包含 z 平面坐标原点的围线 C 如图 5-5 所示，则在闭合曲线 C 内的极点只有 $z=a$ 一个单阶极点，因此

$$x(n)=\mathrm{Res}\left[\frac{z^n}{z-a},a\right]=(z-a)\frac{z^n}{z-a}\Big|_{z=a}=a^n$$

注意这是 $n\geqslant 0$ 时的解。综合以上分析，有

$$x(n)=a^n u(n)$$

在求逆 z 变换时，不仅要考虑 $X(z)$表达式，而且也要注意它的收敛域，相同的 $X(z)$不同的收敛域完全可以导出不同的序列。

例 5-8　已知 $X(z)=\dfrac{1}{1-az^{-1}}$，　$|z|<|a|$，求逆 z 变换

$$x(n)=\mathscr{Z}^{-1}[X(z)]$$

解　此例的 z 变换表达式与例 5-7 完全相同，但二者的收敛域不同。此例中的收敛域是个圆内区域，如图 5-6 所示，这个圆内区域包含了 $z=0$ 处，所以这个 z 变换对应着左

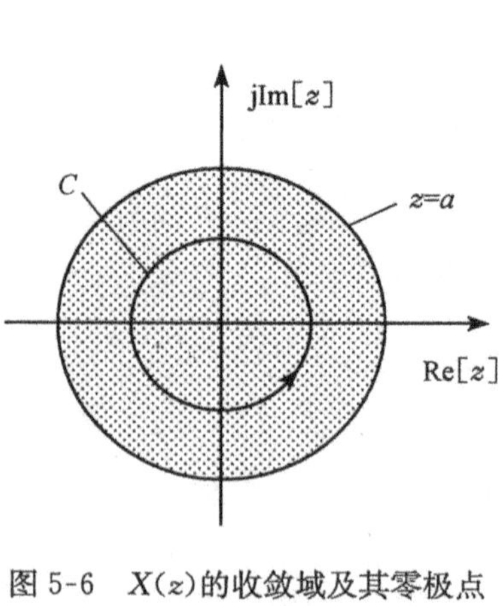

图 5-6　$X(z)$的收敛域及其零极点

边序列的第一种情况，即它的非零值点分布在坐标原点($n=0$)的左边，则有

$$x(n)=0,\quad n>0$$

现在只需讨论 $n\leqslant 0$ 时的 $x(n)$，因为

$$X(z)z^{n-1}=\frac{z^n}{z-a}$$

当 $n=0$ 时，有

$$X(z)z^{n-1}=\frac{1}{z-a}$$

这个函数只有在 $z=a$ 处有个一阶极点，它在闭合曲线 C 的外面。也就是说，在闭合曲线 C 内这个函数没有极点，因此它的留数为零，即

$$x(0)=0$$

当 $n<0$ 时，函数 $X(z)z^{n-1}=\dfrac{z^n}{z-a}$ 在闭合曲线内 $z=0$ 处有个 $|n|$ 阶极点，则有

$$\begin{aligned}x(n)&=\mathrm{Res}\left[\frac{z^n}{z-a},0\right]\\&=\frac{1}{(-n-1)!}\frac{\mathrm{d}^{-n-1}}{\mathrm{d}z^{-n-1}}(z-0)^{|n|}\frac{z^n}{z-a}\Big|_{z=0}\\&=\frac{1}{(-n-1)!}\frac{\mathrm{d}^{-n-1}}{\mathrm{d}z^{-n-1}}\frac{1}{z-a}\Big|_{z=0}\\&=(-1)^{-n-1}(z-a)^n\Big|_{z=0}=-a^n\end{aligned}$$

综合以上分析有

$$x(n)=-a^n u(-n-1)$$

以上两例充分说明了收敛域对 z 变换的重要性。

5.6.2 幂级数法

如果 $x(n)$ 是个右边序列或左边序列的第一种情况，则可将 z 变换 $X(z)$ 写成幂级数形式

$$X(z)=a_0+a_1z^{-1}+a_2z^{-2}+\cdots \tag{5-25}$$

或

$$X(z)=a_0+a_{-1}z^1+a_{-2}z^2+\cdots \tag{5-26}$$

式(5-25)称为降幂级数，对应于一个右边序列，即有 $x(n)=a_n, n=0,1,2,\cdots$；式(5-26)称为升幂级数，对应于一个左边序列，即有 $x(n)=a_n, n=-0,-1,-2,\cdots$。

当 $X(z)$ 为有理函数时，可以用长除法将其展开成幂级数形式，在某些情况下，也可以运用一些数学技巧将 z 变换展开成幂级数，例如

$$X(z)=\ln(1+az^{-1}),\quad |z|>|a|$$

这个 z 变换的收敛域为一个圆外区域,它一定对应着一个右边序列,因此应将 $X(z)$ 展开成降幂级数形式。查数学手册可知

$$\ln(1+x)=x-\frac{x^2}{2}+\frac{x^3}{3}-\frac{x^4}{4}+\cdots+(-1)^{n-1}\frac{x^n}{n}+\cdots$$

$$=\sum_{n=1}^{\infty}(-1)^{n-1}\frac{x^n}{n},\quad |x|<1$$

令 $x=az^{-1}$,则有

$$X(z)=\ln(1-az^{-1})$$

$$=\sum_{n=1}^{\infty}(-1)^{n-1}\frac{a^n}{n}z^{-n},\quad |z|>|a|$$

即有

$$a_n=(-1)^{n-1}\frac{a^n}{n},\quad n=1,2,3,\cdots$$

所以

$$x(n)=\begin{cases}(-1)^{n-1}\dfrac{a^n}{n}, & n>0\\ 0, & n\leqslant 0\end{cases}$$

或者写成

$$x(n)=(-1)^{n-1}\frac{a^n}{n}u(n-1)$$

现在介绍用长除法将 z 变换展开成幂级数,下面的讨论通过例子说明。

已知

$$X(z)=\frac{1}{1-az^{-1}},\quad |z|>|a|$$

$X(z)$ 的收敛域为一个圆外区域,且包括无穷远处($z=\infty$),所以可以判定 $x(n)$ 是个右边序列的第一种情况。

为求出右边序列必须用长除法将 $X(z)$ 展开成降幂形式的级数,即将 $X(z)$ 的分子、分母多项式都写成降幂形式,然后再做长除法,如图 5-7 所示,即有

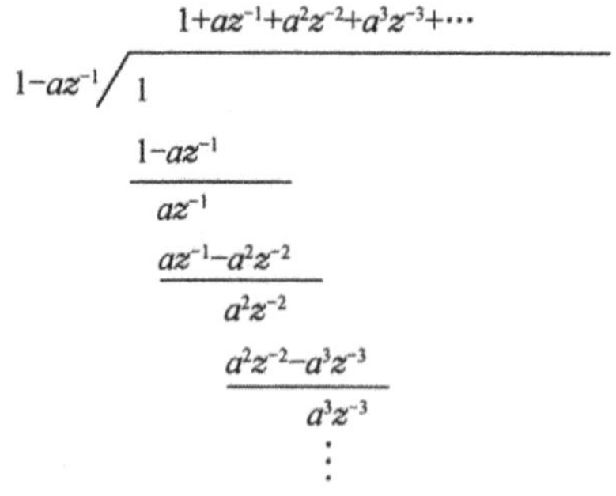

图 5-7 序列的降幂除法

$$X(z)=1+az^{-1}+a^2z^{-2}+a^3z^{-3}+\cdots=\sum_{n=0}^{\infty}a^nz^{-n}$$

因此

$$x(n)=a^nu(n)$$

这个结果与用留数定理法求出的结果一样。

现在再来求 $X(z)=\dfrac{1}{1-az^{-1}}$，$|z|<|a|$的逆 z 变换。

因为 $X(z)$的收敛域是个圆内区域，且包含了 $z=0$ 处，所以可以判定 $x(n)$是左边序列的第一种情况。为了将左边序列的 z 变换展开成幂级数，必须将 $X(z)$的分子、分母多项式按升幂形式排列，即

$$X(z)=\frac{z}{-a+z},\quad |z|<|a|$$

再做长除法如图 5-8 所示，则有

$$X(z)=-a^{-1}z-a^{-2}z^{2}-a^{-3}z^{3}-\cdots$$
$$=\sum_{n=-1}^{-\infty}-a^{n}z^{-n}$$

所以

$$x(n)=\begin{cases}0, & n\geqslant 0\\ -a^{n}, & n<0\end{cases}$$

或写成

$$x(n)=-a^{n}u(-n-1)$$

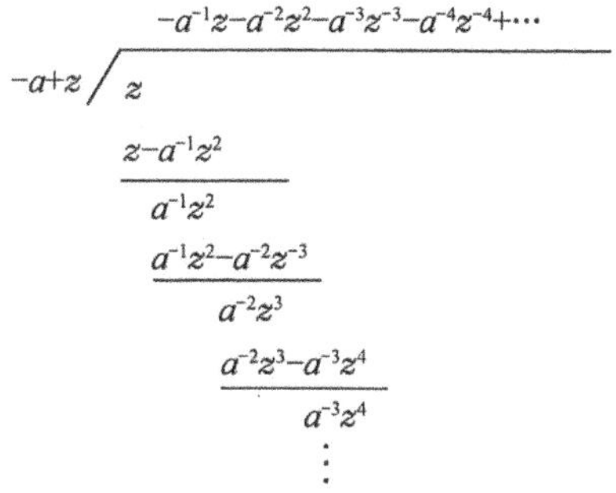

图 5-8　序列的升幂除法

这个结果与前面留数定理求解结果一致。

以上两例对应的是单边序列的逆 z 变换，即或为右边序列的逆 z 变换，或为左边序列的逆 z 变换。如果 $X(z)$对应的是双边序列，即 $X(z)$的收敛域为圆环区域的情况下，又如何运用幂级数法求解逆 z 变换呢？我们通过讨论一个双边序列的例子来进行说明。

已知 z 变换

$$X(z)=\frac{z^{2}+1}{z^{2}+z-2},\quad 1<|z|<2$$

根据 $X(z)$的收敛域可以判定这个 z 变换对应一个双边序列，将上式写成

$$X(z)=\frac{z^{2}+1}{(z+2)(z-1)},\quad 1<|z|<2$$

由上式可以看出 $X(z)$有两个极点，一个在圆环内，一个在圆环外，如图 5-9 所示。实际上，双边序列的 z 变换可以分成两部分

$$X(z)=X_{1}(z)+X_{2}(z)$$

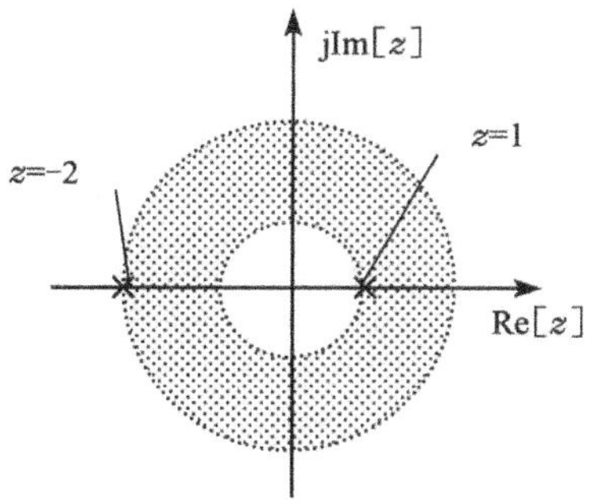

图 5-9　双边序列的收敛域

式中，$X_{1}(z)$包含了 $X(z)$在圆环内的所有极点，

而不包含圆外的任何极点;与此相反,$X_2(z)$包含了圆环外的所有极点,而不包含圆环内的任何极点。这样分解后,$X_1(z)$的收敛域为一个圆外区域,它对应一个右边序列;$X_2(z)$的收敛域为一个圆内区域,它对应一个左边序列。对本例来说,可以这样分解

$$
\begin{aligned}
X(z) &= 1+\frac{\frac{2}{3}}{z-1}-\frac{\frac{5}{3}}{z+2} \\
&= \left(3+\frac{\frac{2}{3}}{z-1}\right)+\left(-2-\frac{\frac{5}{3}}{z+2}\right) \\
&= \frac{3z-\frac{7}{3}}{z-1}-\frac{2z+\frac{17}{3}}{z+2}
\end{aligned}
$$

即有

$$X_1(z)=\frac{3z-\frac{7}{3}}{z-1},\quad |z|>1$$

$$X_2(z)=-\frac{2z+\frac{17}{3}}{z+2},\quad |z|<2$$

注意 $X_1(z)$和 $X_2(z)$的分解不是唯一的,只要求$X_1(z)$包含 $X(z)$在收敛域环内的所有极点,而 $X_2(z)$包含 $X(z)$在收敛域环外的所有极点。

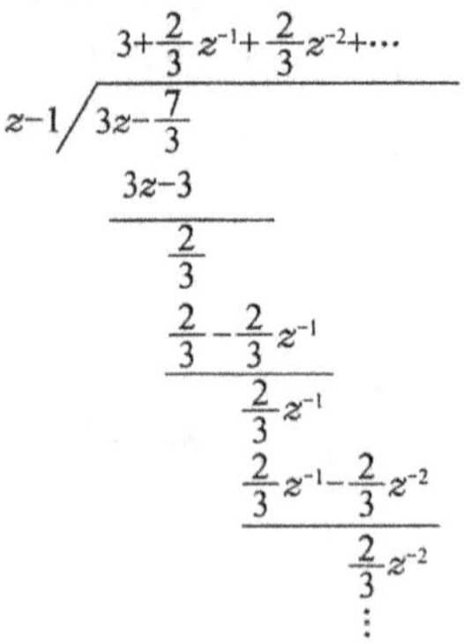

图 5-10　降幂级数的除法

因为 $X_1(z)$仅包含收敛域环内的极点,所以它的收敛域必定是个圆外区域,因此它对应一个右边序列,我们可以用降幂除法求解逆 z 变换,如图 5-10 所示,得

$$X_1(z)=3+\frac{2}{3}z^{-1}+\frac{2}{3}z^{-2}+\cdots$$

所以

$$x_1(n)=\begin{cases}0, & n<0\\ 3, & n=0\\ \frac{2}{3}, & n>0\end{cases}$$

因为 $X_2(z)$仅包含收敛域环外的极点,所以它的收敛域必定是个圆内区域。因此它对应一个左边序列,我们可以用升幂除法求解逆 z 变换,如图 5-11 所示,得

$$X_2(z)=-\frac{17}{6}+\frac{5}{12}z-\frac{5}{24}z^2+\cdots$$

所以

$$x_2(n)=\begin{cases}(-1)^{-n-1}\dfrac{5}{12}2^{n+1}, & n<0\\ -\dfrac{17}{6}, & n=0\\ 0, & n>0\end{cases}$$

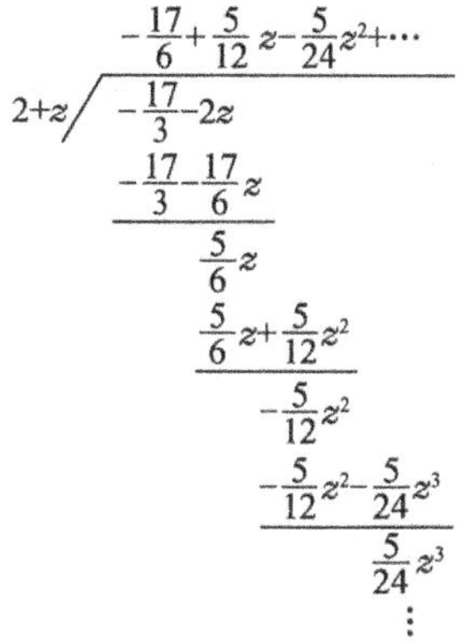

图 5-11 升幂级数的除法

根据 z 变换的线性特性可知 $X(z)$ 的逆 z 变换为 $X_1(z)$ 和 $X_2(z)$ 的逆 z 变换之和，即

$$x(n)=x_1(n)+x_2(n)$$

$$=\begin{cases}\dfrac{2}{3}, & n>0\\ \dfrac{1}{6}, & n=0\\ (-1)^{-n-1}\dfrac{5}{12}2^{n+1}, & n<0\end{cases}$$

由上述例子可以看出，用幂级数法求解逆 z 变换时非常有效的，但也比较麻烦。

例 5-6 利用 z 变换的线性特性，将一个双边序列分解成两个单边序列之和，然后分别利用降幂长除法和升幂长除法求出逆 z 变换。由此可以得到启发，将一个复杂的有理函数展开成简单的有理函数之和，而这些有理函数的逆 z 变换又可以通过简单的方法（如查表）得到。根据这个思想我们可以导出逆 z 变换的另一种方法——部分分式展开法。

5.6.3 部分分式法

z 变换的部分分式展开法与拉普拉斯的部分分式展开法基本相似。通常情况下，部分分式展开法用于因果序列的逆 z 变换比较有效。其基本思想是，先对 $\dfrac{X(z)}{z}$ 分解成部分分式，然后将每个部分分式再乘以 z，这样就可以得到以 z^{-1} 为变量的部分分式展开式，再通过一些简单的方法（通常为查数学手册）求出这些简单部分分式的逆 z 变换，将部分分式的逆 z 变换求和就是原 z 变换的逆 z 变换。

一个因果序列的 z 变换通常可以写成有理分式，即

$$X(z)=\frac{a_0+a_1z^{-1}+a_2z^{-2}+\cdots+a_Nz^{-N}}{1+b_1z^{-1}+b_2z^{-2}+\cdots+b_Nz^{-N}}$$

$$=\frac{\sum\limits_{i=0}^{N}a_iz^{-i}}{1+\sum\limits_{i=0}^{N}b_iz^{-i}},\quad |z|>R_+$$

如果 $X(z)$ 的 N 个极点 $\{d_i\}$ 都是单阶极点，那么可以展开成部分分式

$$X(z)=\frac{\sum_{i=0}^{N}a_iz^{-i}}{\prod_{i=1}^{N}(1-d_iz^{-1})}=A_0+\sum_{i=1}^{N}\frac{A_i}{1-d_iz^{-1}},\quad |z|>R_+ \tag{5-27}$$

式中，A_0 和 A_i 是常数，可以由下式求出

$$A_0=[X(z)]_{z=0}=X(0) \tag{5-28}$$

$$A_i=\text{Res}\left[\frac{X(z)}{z},d_i\right]=(1-d_iz^{-1})X(z)\,|_{z=d_i} \tag{5-29}$$

对应的逆 z 变换为

$$x(n)=A_0\delta(n)+\sum_{i=1}^{N}A_id_i^nu(n) \tag{5-30}$$

如果 $X(z)$ 具有高阶极点时，则部分分式表达式(5-27)和(5-30)都要修改。设 $X(z)$ 除了由 N 个单阶极点 $\{d_i\}$ 外，还有一个 L 阶的高阶极点 c，则部分分式可以写成

$$X(z)=A_0+\sum_{i=1}^{N}\frac{A_i}{1-d_iz^{-i}}+\sum_{j=1}^{L}\frac{B_j}{(1-cz^{-1})^j},\quad |z|>R_+ \tag{5-31}$$

式中，系数 A_0 和 A_i 仍由式(5-27)和式(5-29)确定，而

$$B_L=[(1-cz^{-1})^LX(z)]_{z=c}$$

其他系数 B_j 由待定系数法求出。式(5-29)对应的时间序列为

$$x(n)=A_0\delta(n)+\sum_{i=1}^{N}A_id_i^nu(n)$$
$$+\sum_{j=1}^{L}\frac{(n+1)(n+2)\cdots(n+j-1)}{(j-1)!}B_jc^nu(n) \tag{5-32}$$

实际上，对于具有高阶极点的逆 z 变换，部分分式法不具有优越性，因此常改用留数法或幂级数法求解。

例 5-9 已知 $X(z)=\dfrac{z^2}{(z-1)(z-0.5)}$，　$|z|>1$，求 $x(n)$。

解 $|z|>1$，是右边(因果)序列。

$$\frac{X(z)}{z}=\frac{A_1}{z-0.5}+\frac{A_2}{z-1}$$

$$A_1=(z-0.5)\frac{X(z)}{z}\bigg|_{z=0.5}=\frac{z}{z-1}\bigg|_{z=0.5}=-1$$

$$A_2=(z-1)\frac{X(z)}{z}\bigg|_{z=1}=\frac{z}{z-0.5}\bigg|_{z=1}=2$$

$$X(z)=\frac{2z}{z-1}-\frac{z}{z-0.5},\quad |z|>1$$

$$x(n)=(2-0.5^n)u(n)$$

5.7 系统分析

z 变换的重要应用与拉普拉斯变换的应用是一样的，用于对线性移不变(LTI)系统的分析与表征。拉普拉斯变换的卷积定理指出。

若

$$f_1(t) \xleftrightarrow{\mathscr{L}} F_1(s)$$

$$f_2(t) \xleftrightarrow{\mathscr{L}} F_2(s)$$

则

$$f_1(t) * f_2(t) \xleftrightarrow{\mathscr{L}} F_1(s)F_2(s)$$

一个线性时不变系统，对任意输入的零状态响应可以用卷积求得，即

$$y(t) = h(t) * x(t)$$

式中，$h(t)$为系统的单位冲激响应。运用拉普拉斯卷积定理可以得到如下关系

$$Y(s) = H(s)X(s)$$

式中，$X(s)$、$Y(s)$和 $H(s)$分别为系统的输入、输出和单位冲激响应的拉普拉斯变换。在拉普拉斯变换域(通常由叫做 s 域)内，系统单位冲激响应 $h(t)$的拉普拉斯变换 $H(s)$称为系统函数(或转移函数)。根据上式关系，我们有

$$H(s) = \frac{Y(s)}{X(s)}$$

上式的含义是零状态系统的输入、输出信号的拉普拉斯变换之比就等于系统函数，而系统函数的拉普拉斯反变换就是系统的单位冲激响应，有时候我们可以利用上述关系来求系统的单位冲激响应。

例 5-10 已知一个 LTI 系统的微分方程为

$$y''(t) + 5y'(t) + 6y(t) = x'(t) + x(t)$$

求系统的单位冲激响应和单位阶跃响应。

解 按照前面介绍过的方法，可以通过解微分方程方法来求解，这里要采用拉普拉斯变换求解。先求的系统单位冲激响应，对微分方程两边取拉普拉斯变换，得

$$s^2Y(s) + 5sY(s) + 6Y(s) = sX(s) + X(s)$$

即

$$(s^2 + 5s + 6)Y(s) = (s + 1)X(s)$$

所以系统函数为

$$H(s) = \frac{Y(s)}{X(s)} = \frac{s + 1}{s^2 + 5s + 6} = \frac{s + 1}{(s + 2)(s + 3)}$$

可以用部分分式法将上式展开成部分分式，即

$$H(s)=\frac{A}{s+2}+\frac{B}{s+3}$$

式中，A 和 B 为常数，可以用下式求出

$$A=(s+2)H(s)\left.\right|_{s=-2}=\frac{s+1}{s+3}\left.\right|_{s=-2}=-1$$

$$B=(s+3)H(s)\left.\right|_{s=-3}=\frac{s+1}{s+2}\left.\right|_{s=-3}=2$$

所以

$$H(s)=\frac{-1}{s+2}+\frac{2}{s+3}$$

求系统函数的拉普拉斯反变换就得到系统的单位冲激响应，即

$$h(t)=\mathscr{L}^{-1}[H(s)]=(-\mathrm{e}^{-2t}+2\mathrm{e}^{-3t})u(t)$$

现在求系统的单位阶跃响应，令输入 $x(t)=u(t)$，它的拉普拉斯变换为 $X(s)=\frac{1}{s}$，所以有

$$\begin{aligned}Y(s)&=H(s)X(s)=\frac{s+1}{(s+2)(s+3)}\cdot\frac{1}{s}\\&=\frac{A}{s+2}+\frac{B}{s+3}+\frac{C}{s}\end{aligned}$$

式中，系数可以用下式求出

$$A=(s+2)Y(s)\left.\right|_{s=-2}=\left.\frac{s+1}{s(s+3)}\right|_{s=-2}=\frac{1}{2}$$

$$B=(s+3)Y(s)\left.\right|_{s=-3}=\left.\frac{s+1}{s(s+2)}\right|_{s=-3}=-\frac{2}{3}$$

$$C=sY(s)\left.\right|_{s=0}=\left.\frac{s+1}{(s+2)(s+3)}\right|_{s=0}=\frac{1}{6}$$

即

$$Y(s)=\frac{\frac{1}{2}}{s+2}+\frac{-\frac{2}{3}}{s+3}+\frac{\frac{1}{6}}{s}$$

查表可得拉普拉斯反变换，即

$$y(t)=\frac{1}{2}\mathrm{e}^{-2t}-\frac{2}{3}\mathrm{e}^{-3t}+\frac{1}{6},\quad t>0$$

与连续时间系统类似，离散 LTI 系统对任意输入 $x(n)$，输出响应 $y(n)$ 可以由卷积求出，即

$$y(n)=h(n)*x(n)$$

式中，$h(n)$为系统的单位抽样响应。根据 z 变换的卷积定理，有

$$Y(z)=H(z)X(z)$$

式中，$X(z)$、$Y(z)$和 $H(z)$分别是输入、输出和单位抽样响应的 z 变换。注意根据以上关系，我们仍可得到

$$H(z)=\frac{Y(z)}{X(z)}$$

在 z 域中 $H(z)$也被称为系统函数。上式的含义是零状态系统的输入、输出序列的 z 变换之比就等于系统函数。

对于离散时间系统我们运用 z 变换作为分析工具。例如，已知一个 LTI 因果离散时间系统的差分方程为

$$y(n)-5y(n-1)+6y(n-2)=x(n)-3x(n-1)$$

求系统的单位抽样响应和单位阶跃响应。

先求系统的单位抽样响应。对差分方程两边求 z 变换得

$$Y(z)-5z^{-1}Y(z)+6z^{-2}Y(z)=X(z)-3z^{-1}X(z)$$

即

$$(1-5z^{-1}+6z^{-2})Y(z)=(1-3z^{-1})X(z)$$

系统函数为(因为系统是因果的，所以 $H(z)$的收敛域一定为一个圆外区域)

$$H(z)=\frac{Y(z)}{X(z)}=\frac{1-3z^{-1}}{1-5z^{-1}+6z^{-2}}=\frac{1-3z^{-1}}{(1-2z^{-1})(1-3z^{-1})}=\frac{1}{1-2z^{-1}}$$

求逆 z 变换得系统的单位抽样响应

$$h(n)=2^n u(n)$$

现在求系统的单位阶跃响应，零输入 $x(n)=u(n)$，它的 z 变换为

$$X(z)=\frac{1}{1-z^{-1}},\quad |z|>1$$

于是

$$Y(z)=H(z)X(z)=\frac{1}{1-2z^{-1}}\cdot\frac{1}{1-z^{-1}}$$

因为 $H(z)$和 $X(z)$的收敛域都是圆外区域，所以 $Y(z)$的收敛域至少也是个圆外区域，即 $Y(z)$对应着一个右边序列。用部分分式法将 $Y(z)$展开

$$Y(z)=\frac{A}{1-2z^{-1}}+\frac{B}{1-z^{-1}}$$

式中，常数 A 和 B 可以由下式求出

$$A=(1-2z^{-1})Y(z)\big|_{z=2}=\frac{1}{1-z^{-1}}\bigg|_{z=2}=2$$

$$B=(1-z^{-1})Y(z)\big|_{z=1}=\frac{1}{1-2z^{-1}}\bigg|_{z=1}=-1$$

即

$$Y(z)=\frac{2}{1-2z^{-1}}-\frac{1}{1-z^{-1}}$$

于是系统的单位阶跃响应为

$$y(n)=\mathscr{Z}^{-1}[Y(z)]=(2^{n+1}-1)u(n)$$

通过以上两个例子我们看到了拉普拉斯变换和 z 变换分别在求解连续时间系统的微分方程和离散时间系统差分方程的作用。其实拉普拉斯变换和 z 变换的作用远不止此，在前面我们已经介绍过系统的单位冲激响应 $h(t)$ 反映了连续时间系统的时域特性，而单位抽样响应 $h(n)$ 反映了离散时间系统的时域特性，它们都取决于系统的结构和参数。显然连续时间系统和离散时间系统的系统函数也取决于系统的结构和参数，它是系统的复频域描述函数。特定系统具有不同的特性(如高通、低通、带通等)，但所有物理可实现系统都要满足稳定性和因果性，即系统的稳定性和因果性是物理系统的最基本特性。

在第 1 章中我们已经介绍了系统稳定性和因果性的概念，现在讨论系统满足因果性和稳定性的条件是什么。换句话说，系统的单位冲激响应或单位抽样响应和系统函数是如何反映系统的因果性和稳定性的。

1. 因果性

对于一个 LTI 连续时间系统，其因果性的充分必要条件是

$$h(t)=0,\quad t<0$$

式中，$h(t)$ 是系统的单位冲激响应。这是一个右边函数，它的拉普拉斯变换 $H(s)$ 为连续系统函数，一般说来，在这种情况下 $H(s)$ 的收敛域为 s 域的某个右半平面，即一个因果系统的系统函数的收敛域为 s 域的某个右半平面，但相反的结论未必成立。进一步的约束条件是，**对于一个具有有理系统函数的系统来说，系统的因果性就等效于收敛域位于最右边极点的右边的右半平面。**

对于一个 LTI 离散时间系统，其因果性的充分必要条件是

$$h(n)=0,\quad n<0$$

这是个右边序列，它的 z 变换 $H(z)$ 为离散系统函数，**对一个离散时间 LTI 系统当且仅当它的系统函数收敛域是个圆外区域，且包含无穷远处点，则该系统是因果的。**

2. 稳定性

一个 LTI 连续系统稳定的充分必要条件就是它的单位冲激响应绝对可积，即

$$\int_{-\infty}^{\infty}|h(t)|\,\mathrm{d}t<\infty$$

这等价于系统函数 $H(s)$ 的收敛域要包含 s 域中的虚轴($s=\mathrm{j}\Omega$)，即**一个 LTI**

连续系统，当且仅当系统函数的收敛域包含 s 域中的虚轴($\mathrm{Re}[s]=0$)时，该系统是稳定的。

一个 LTI 离散系统稳定的充分必要条件是它的单位抽样响应绝对可和，即

$$\sum_{n=-\infty}^{\infty} | h(n) | < \infty$$

这等价于系统函数 $H(z)$的收敛域要包含 z 平面中的单位圆($z=\mathrm{e}^{\mathrm{j}\omega}$)，即**一个 LTI 离散系统当且仅当它的系统函数 $H(z)$ 的收敛域包含 z 平面中的单位圆($|z|=1$)时，该系统是稳定的。**

5.8 系统频率响应与系统零极点的关系

系统的频率响应表征了系统对各次谐波信号的传输能力，而系统的频率响应与系统函数的零极点密切相关，下面一离散系统为例说明如何根据系统函数的零极点确定频率响应的基本特性。

线性移不变离散系统的频率响应为

$$H(\mathrm{e}^{\mathrm{j}\omega}) = \sum_{n=-\infty}^{\infty} h(n)\mathrm{e}^{-\mathrm{j}\omega n}$$

系统函数为

$$H(z) = \sum_{n=-\infty}^{\infty} h(n)z^{-n}$$

即有

$$H(\mathrm{e}^{\mathrm{j}\omega}) = H(z) \big|_{z=\mathrm{e}^{\mathrm{j}\omega}}$$

这就是说，系统的频率响应就是系统函数在 z 平面中单位圆($z=\mathrm{e}^{\mathrm{j}\omega}$)上的取值。通常情况下系统函数是个有理分式，即

$$H(z) = \frac{\sum_{i=0}^{M} b_i z^{-i}}{\sum_{k=0}^{N} a_k z^{-k}}$$

式中，分子为 M 阶的多项式，分母为 N 阶的多项式，根据代数运算规则可知分子多项式有 M 个根，分母多项式有 N 个根，所以系统函数可以写成因式连乘的形式，即

$$H(z) = B\frac{\prod_{i=1}^{M}(1-C_i z^{-1})}{\prod_{k=1}^{N}(1-D_k z^{-1})}$$

式中，B 为比例常数，C_i 和 D_k 分别分子多项式和分母多项式的根，也就是系统函

数的零点和极点。

当 $M=N$ 时,系统函数可以写成以下形式

$$H(z)=B\frac{\prod_{i=1}^{N}(z-C_i)}{\prod_{k=1}^{N}(z-D_k)}$$

根据上式可以得到系统的频率响应

$$H(e^{j\omega})=H(z)\big|_{z=e^{j\omega}}=B\frac{\prod_{i=1}^{N}(e^{j\omega}-C_i)}{\prod_{k=1}^{N}(e^{j\omega}-D_k)} \tag{5-33}$$

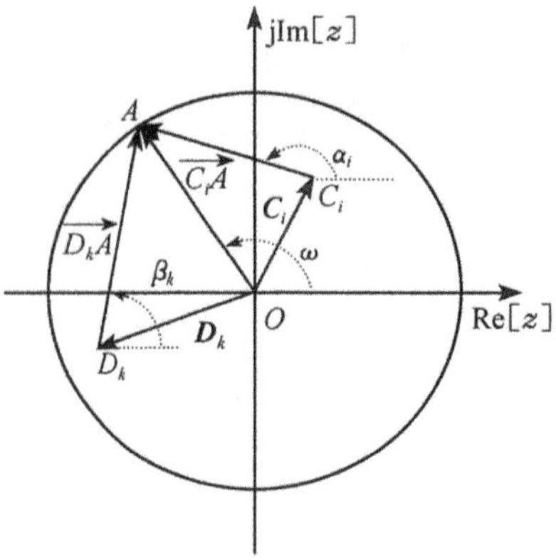

图 5-12　系统函数的零、极点

系统函数的零、极点均可为复数,若把实数零、极点看成是复数的一个特例,则可视系统函数的零、极点为复数。对于复数零、极点在 z 平面上可以用一个点来表示,如图 5-12 所示,C_i 为零点,D_k 为极点。在 z 平面中 $e^{j\omega}$为单位圆上的一个点,在图中用 A 表示。

一个复数可以用一个向量来表示,图 5-12 中用向量$\boldsymbol{C}_i$表示零点复数,向量$\boldsymbol{D}_k$表示极点复数,用向量 $\boldsymbol{A}$ 表示圆周上的点 A。根据向量运算规则有

$$e^{j\omega}-C_i=\boldsymbol{A}-\boldsymbol{C}_i=\overrightarrow{C_iA}$$
$$e^{j\omega}-D_k=\boldsymbol{A}-\boldsymbol{D}_k=\overrightarrow{D_kA}$$

式中,向量$\overrightarrow{C_iA}$表示向量 $\boldsymbol{A}$ 与向量$\boldsymbol{C}_i$的差,向量$\overrightarrow{D_kA}$表示向量 $\boldsymbol{A}$ 与向量$\boldsymbol{D}_k$的差,于是系统函数也可以向量形式表示,即式(5-33)可以写成

$$H(e^{j\omega})=B\frac{\prod_{i=1}^{N}\overrightarrow{C_iA}}{\prod_{k=1}^{N}\overrightarrow{D_kA}}=\left|H(e^{j\omega})\right|e^{j\varphi(\omega)} \tag{5-34}$$

式中

$$\left|H(e^{j\omega})\right|=B\frac{\prod_{i=1}^{N}C_iA}{\prod_{k=1}^{N}D_kA} \tag{5-35}$$

$$\varphi(\omega)=\sum_{i=1}^{N}\alpha_i-\sum_{k=1}^{N}\beta_k \tag{5-36}$$

式(5-35)表示系统的幅频特性。式中，C_iA 为向量$\overrightarrow{C_iA}$的模，D_kA 向量$\overrightarrow{D_kA}$的模；式(5-36)表示系统的相频特性。式中，α_i 为向量$\overrightarrow{C_iA}$的幅角，β_k 为向量$\overrightarrow{D_kA}$的幅角。

一般情况下系统函数 $H(z)$的分子、分母多项式的阶数不相等，即 $M\neq N$，这时系统函数可以写成

$$H(z)=Bz^{-(M-N)}\frac{\prod\limits_{i=1}^{M}(z-C_i)}{\prod\limits_{k=1}^{N}(z-D_k)}$$

即系统频率响应为

$$H(\mathrm{e}^{\mathrm{j}\omega})=B\mathrm{e}^{-\mathrm{j}(M-N)\omega}\frac{\prod\limits_{i=1}^{M}(\mathrm{e}^{\mathrm{j}\omega}-C_i)}{\prod\limits_{k=1}^{N}(\mathrm{e}^{\mathrm{j}\omega}-D_k)} \tag{5-37}$$

比较式(5-33)和式(5-37)可知，后者多了一个因子 $\mathrm{e}^{-\mathrm{j}(M-N)\omega}$，实际上这个因子反映的是系统函数在 z 平面坐标原点上的零点和极点。显然，这个因子的模为 1，因此不影响系统的幅频特性，即式(5-37)表示的系统与式(5-33)表示的系统具有相同的幅频特性，但后者的相频特性多了$-(M-N)\omega$ 相移，即后者在时域中多了$(M-N)$位移(后移)。

综上所述，系统函数的零、极点可以按以下公式确定系统的频率响应：

$$\left|\frac{H(\mathrm{e}^{\mathrm{j}\omega})}{B}\right|=\frac{\prod\limits_{i=1}^{N}C_iA}{\prod\limits_{k=1}^{N}D_kA}=\frac{\text{各零点向量模的乘积}}{\text{各极点向量模的乘积}} \tag{5-38}$$

$$\varphi(\omega)=\arg\left[\frac{H(\mathrm{e}^{\mathrm{j}\omega})}{B}\right]=\text{零点向量幅角之和 - 极点向量幅角之和}-(M-N)\omega \tag{5-39}$$

由于 $H(\mathrm{e}^{\mathrm{j}\omega})$为 ω 的连续周期函数，周期为 2π，因此 $H(\mathrm{e}^{\mathrm{j}\omega})$在$[0,2\pi]$内的特性完全决定了系统频率响应 $H(\mathrm{e}^{\mathrm{j}\omega})$。当 ω 由 0 变化到 2π 时，A 点在单位圆上逆时针旋转一周。

当 A 沿单位圆靠近某个极点 D_k 时，向量$\overrightarrow{D_kA}$的模 D_kA 将会出现一个最小值，因此系统的幅频特性在该点附近(A 点向量的幅角 ω)出现一个峰值。极点越靠近单位圆，模 D_kA 就越短，幅频特性的峰值就越高。当极点 D_k 落在单位要圆上时，系统的幅频特性在该频率处出现一个无穷大的值，这时系统处于一种无耗谐振状

态。当极点 D_k 落在单位圆外时，系统就处于一种不稳定（发散）状态。当极点 D_k 为高阶极点时，极点的阶次越高，幅频特性出现峰值就越尖。

对于零点则正好相反，当 A 沿单位圆靠近某个零点 C_i 时，向量 $\overrightarrow{C_iA}$ 的模 C_iA 将会出现一个最小值，因此系统的幅频特性在该点附近（A 点向量的幅角 ω）出现一个波谷，零点越靠近单位圆，模 C_iA 就越短，幅频特性的波谷就越接近于零。当零点 C_i 落在单位要圆上时，C_iA 为零，系统的幅频特性在该频率处出现传输零点（完全阻断该频率信号通过）。当零点 C_i 为高阶零点时，零点的阶次越高，幅频特性出现的波谷就越陡。

当 A 沿单位圆旋转一周时，每个圆内的零点向量会产生 2π 相移，而圆外的零点向量不会产生相移；每个极点（均在圆内）向量会产生 -2π 的相移，系统频率响应产生的总相位变化量为

$$2\pi m_i - 2\pi N + 2\pi(N-M) = 2\pi(M-m_o) - 2\pi M = -2\pi m_o$$

式中，m_i 表示在单位圆内的零点数，m_o 表示在单位圆外的零点数。显然，若系统的所有零点均在单位圆内时，A 沿单位圆旋转一周（ω 由 0 变化到 2π）产生的相移为零，相位变化最小，称这样的系统为最小相位系统。与此相反，若系统的所有零点均在单位圆外时，A 沿单位圆旋转一周（ω 由 0 变化到 2π），系统的相位变化最大，为 $2\pi M$，称这样的系统为最大相位系统。

通过以上分析可知，系统函数 $H(z)$ 的零、极点完全确定了系统的频率响应，适当安排零、极点在 z 平面上的位置，可以设计出频率特性满足特殊变化规律的数字系统。

例 5-11　已知线性移不变系统的系统函数为

$$H(z) = \frac{1 + 1.2563z^{-1} + 0.4537z^{-2} - 0.552z^{-3} - 1.3482z^{-4} - 0.81z^{-5}}{1 + 0.5379z^{-1} + 0.4565z^{-2} + 0.1937z^{-3} - 0.1296z^{-4}}$$

$$|z| > 0.6$$

绘出系统的零、极点图和幅频特性图。

解　用 MATLAB 语言编程，求得

$$H(z) = \frac{(1 - z^{-1})(1 + 1.739z^{1} + 0.81z^{-2})(1 + 0.5176z^{-1} + z^{-2})}{(1 + 0.8485z^{-1} + 0.36z^{-2})(1 - 0.3106z^{1} + 0.36z^{-2})}$$

$$|z| > 0.6$$

求得系统函数极点

$$D_1 = 0.6e^{j\frac{5}{4}\pi}, D_2 = 0.6e^{-j\frac{5}{4}\pi}, D_3 = 0.6e^{j\frac{5}{12}\pi}, D_4 = 0.6e^{-j\frac{5}{12}\pi}, D_5 = 0$$

求得系统函数零点

$$C_1 = 1, C_2 = 0.9e^{j\frac{11}{12}\pi}, C_3 = 0.9e^{-j\frac{11}{12}\pi}, C_4 = e^{j\frac{7}{12}\pi}, C_5 = e^{-j\frac{7}{12}\pi}$$

用 MATLAB 语言绘出系统函数的零极点图和幅频特性图，如图 5-13 和图 5-14 所示。

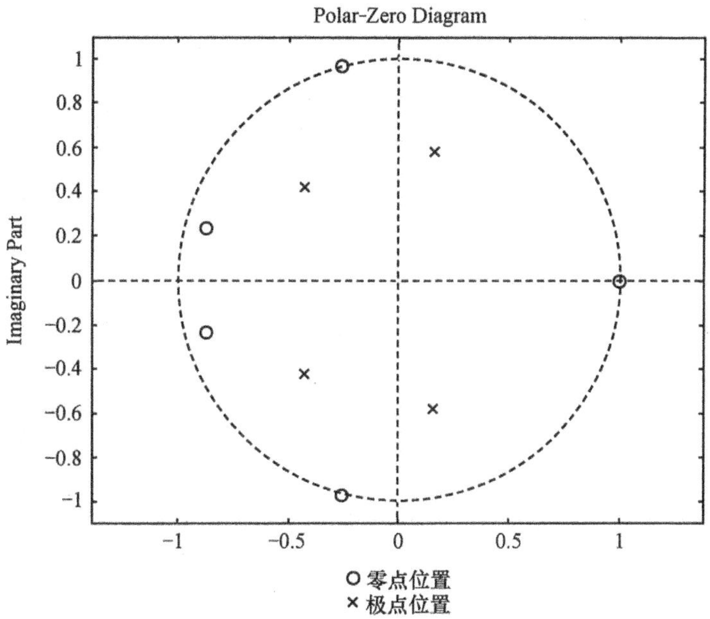

图 5-13 系统函数的零、极点图

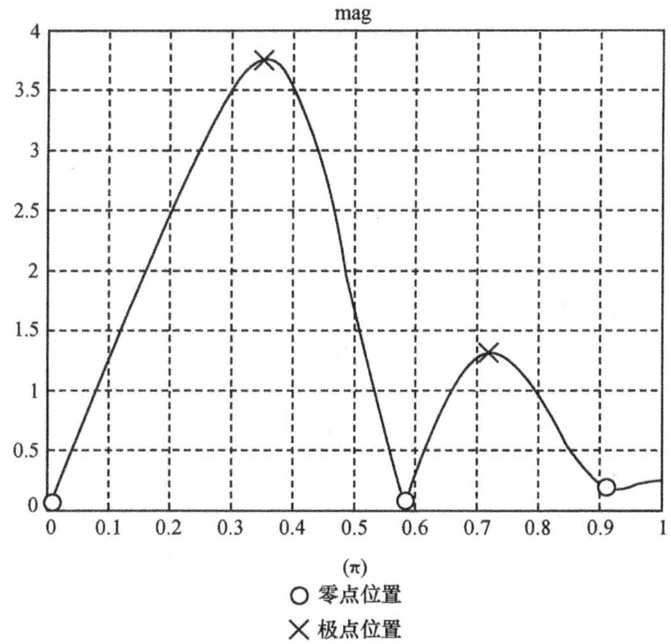

图 5-14 系统的幅频特性

注意图 5-14 中横坐标单位为 π，而且只画出了$[0,\pi]$范围内的幅频特性，根据对称性可以画出$[\pi,2\pi]$范围内的幅频特性。在$[0,\pi]$范围内，系统函数在 $\omega=0$ 和 $\omega=\frac{7}{12}\pi$ 处有两个传输零点(在单位圆上的零点)，图 5-14 中所示的幅频特性在该处取零值，系统函数在 $\omega=\frac{11}{12}\pi$ 处有一个零点，相应地，幅频特性在该处有一个波谷。在此范围内，系统函数在 $\omega=\frac{5}{12}\pi$ 和$\omega=\frac{5}{4}\pi$处有两个极点，相应地，幅频特性在该处有两个峰值。此外在坐标原点有一个极点，但坐标原点的零、极点不影响幅频特性。

习　题

5-1 求以下各序列的 z 变换，并确定 z 变换的收敛域：

(1) $\delta(n)$。

(2) $\delta(n-1)$。

(3) $2^{-n}u(n)$。

(4) $2^{-n+1}u(n-1)$。

(5) $\left[\left(\frac{1}{2}\right)^n+\left(\frac{1}{4}\right)^n\right]u(n)$。

(6) $2^n u(-n)$。

(7) $\sin(n)[u(n)-u(n-10)]$。

5-2 求以下各 z 变换对应的序列：

(1) $X(z)=\dfrac{1}{1+\frac{1}{4}z^{-1}},\quad |z|>\frac{1}{4}$。

(2) $X(z)=\dfrac{1}{1+\frac{1}{4}z^{-1}},\quad |z|<\frac{1}{4}$。

(3) $X(z)=\dfrac{1-\frac{1}{2}z^{-1}}{1+\frac{3}{4}z^{-1}+\frac{1}{8}z^{-2}},\quad |z|>\frac{1}{2}$。

(4) $X(z)=\dfrac{1-\frac{1}{2}z^{-1}}{1-\frac{1}{4}z^{-2}},\quad |z|>\frac{1}{2}$。

(5) $X(z)=\dfrac{1-az^{-1}}{z^{-1}-a},\quad |z|>\left|\frac{1}{a}\right|$。

5-3 $X(z)$为序列 $x(n)$的 z 变换，试证明：

(1) $\mathscr{Z}[x^*(n)]=X^*(z^*)$。

(2) $\mathscr{Z}[x(-n)]=X\left(\frac{1}{z}\right)$。

(3) $\mathscr{Z}\{\mathrm{Re}[x(n)]\}=\frac{1}{2}[X(z)+X^*(z^*)]$。

(4) $\mathscr{Z}\{\mathrm{Im}[x(n)]\}=\frac{1}{2\mathrm{j}}[X(z)-X^*(z^*)]$。

5-4 已知序列 $x(n)$的 z 变换为 $X(z)$，利用 z 变换的性质求序列 $n^2x(n)$的 z 变换。

5-5 序列 $x(n)$的自相关序列 $c(n)$定义为

$$c(n)=\sum_{k=-\infty}^{\infty}x(k)x(n+k)$$

若已知序列 $x(n)$的 z 变换为 $X(z)$，确定 $c(n)$的 z 变换。

5-6 一个线性移不变系统，其单位样值响应为 $h(n)$和输入激励 $x(n)$为

$$h(n)=a^nu(n),x(n)=\begin{cases}1, & 0\leqslant n\leqslant N-1\\0, & \text{其他}\end{cases}$$

(1) 直接利用卷积计算求系统的响应 $y(n)$。

(2) 根据 z 变换的卷积定理，利用 z 变换求系统响应 $y(n)$。

5-7 一个因果线性移不变系统用如下差分方程表示：

$$y(n)+\frac{1}{2}y(n-1)=x(n)$$

利用 z 变换，求系统的单位样值响应 $h(n)$。

5-8 一个因果线性移不变系统用如下差分方程表示：

$$y(n)-\frac{1}{2}y(n-1)+\frac{1}{4}y(n-2)=x(n)$$

(1) 求系统函数 $H(z)$。

(2) 如果输入为 $x(n)=\left(\frac{1}{2}\right)^nu(n)$，求系统输出响应 $y(n)$。

5-9 一个因果线性移不变系统用如下差分方程表示：

$$y(n)=y(n-1)+y(n-2)+x(n-1)$$

(1) 求系统函数 $H(z)$，并画出零、极点图。

(2) 求系统的单位样值响应 $h(n)$。

(3) 如果这个差分方程表示的是个稳定的线性移不变系统(但非因果)，求系统的单位样值响应 $h(n)$。

5-10 一个因果线性移不变系统的系统函数为

$$H(z)=\frac{1-a^{-1}z^{-1}}{1-az^{-1}},\text{实数}$$

(1) a 满足什么条件时系统是稳定的?

(2) 在 z 平面用几何方法证明该系统是个全通滤波器(即系统的幅频特性为一个常数)。

(3) 把 $H(z)$与另一个系统 $\hat{H}(z)$级联起来，使整个系统函数等于 1。设 $0<a<1$，且 $H(z)$为一个稳定系统，求系统 $\hat{H}(z)$的单位样值响应 $\hat{h}(n)$。

5-11 一个线性移不变系统用如下差分方程表示

$$y(n-1)-\frac{10}{3}y(n)+y(n+1)=x(n)$$

若系统稳定，试求系统的单位样值响应 $h(n)$。

参考文献

崔翔. 2005. 信号分析与处理. 北京：中国电力出版社

董绍平. 1996. 数字信号处理(修订版). 哈尔滨：哈尔滨工业大学出版社

姜建国，曹建中，高玉明. 2006. 信号与系统分析基础. 第 2 版. 北京：清华大学出版社

王兴元. 2003. 复杂非线性系统中的混沌. 北京：电子工业出版社.

郑君里. 2005. 教与写的记忆——信号与系统评注. 北京：高等教育出版社

郑君里，应启珩，杨为理. 2000. 信号与系统. 上册. 第 2 版. 北京：高等教育出版社

Chen Chi-tsong. 2002. 数字信号处理. 英文版. 北京：电子工业出版社

Oppenheim A V, Schafer R W. 1975. Digital Signal Processing. Prentice-Hall, Inc

Oppenheim A V et al. 1983. Signal and System. Prentice-Hall, Inc